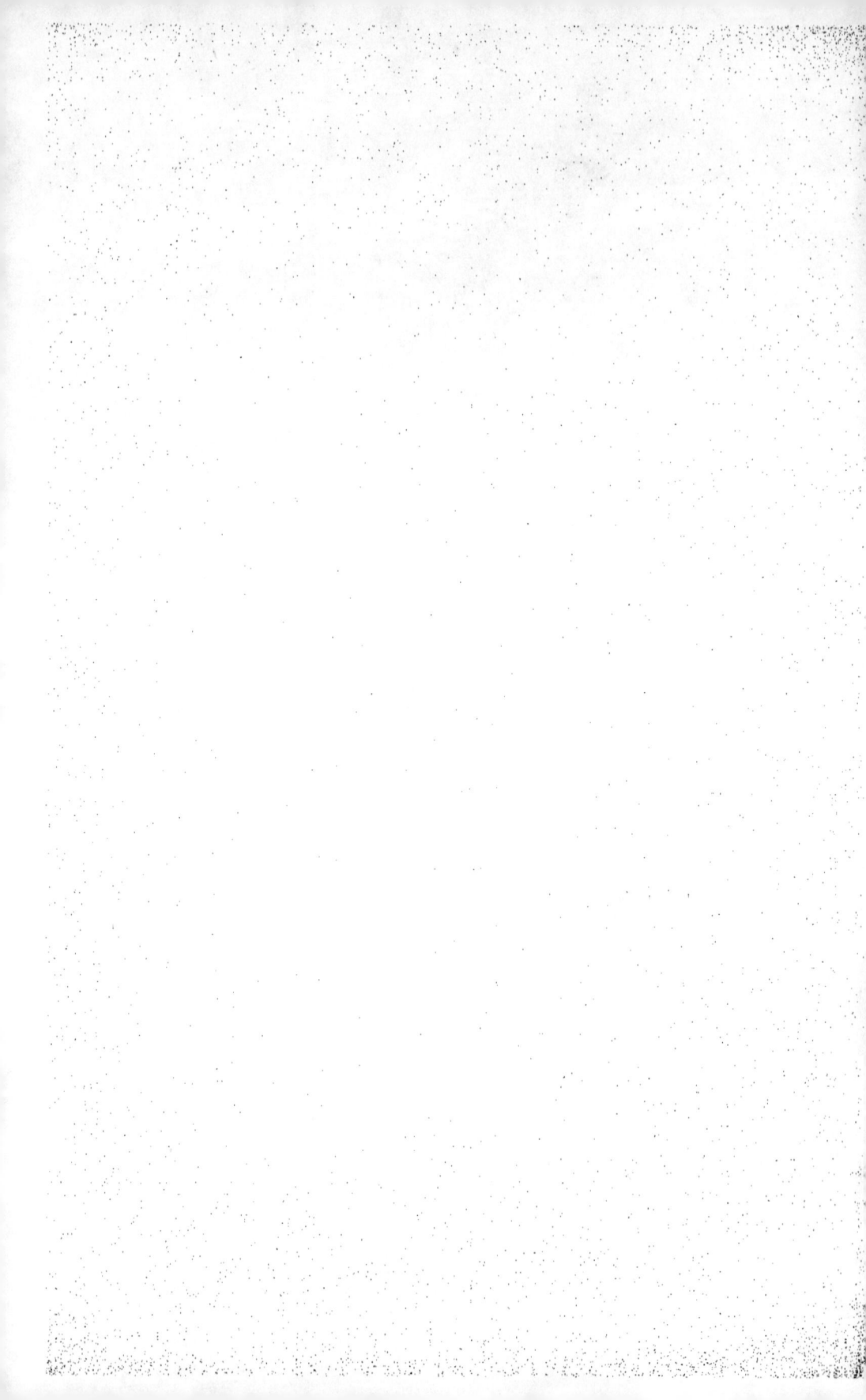

FACULTÉ DE DROIT D'AIX

THÈSE

POUR

LE DOCTORAT

SOUTENUE

PAR

Alfred PIEYRE

de Lassalle (Gard)

NIMES
IMPRIMERIE CLAVEL-BALLIVET
12, rue Pradier, 12
——
1873

FACULTÉ DE DROIT D'AIX

THÈSE

POUR

LE DOCTORAT

SOUTENUE

PAR

Alfred PIEYRE

de Lassalle (Gard)

le   1873.

NIMES

IMPRIMERIE CLAVEL-BALLIVET

12, rue Pradier, 12

1873

A MA GRAND'MÈRE

A LA MÉMOIRE DE MES PARENTS

SOMMAIRE

———

DE SERVIS

Nous diviserons notre matière en deux parties : dans la première, nous dirons quelles sont les personnes qui sont esclaves, comment on devient esclave, comme on cesse de l'être ; dans la seconde, nous parlerons de la condition de ceux qui sont en servitude.

PREMIÈRE PARTIE.

La division la plus large des personnes, c'est la division en libres et esclaves, disent Gaius et Justinien. Toute personne est libre ou esclave.

Demandons-nous d'abord ce que c'est que l'esclavage. Justinien nous dit que c'est une institution du droit des gens en vertu de laquelle un homme est soumis à la domination d'autrui : *Constitutio juris gentium quâ quis dominio alieno contra naturam subjicitur.* C'est une institution du droit des gens, car l'usage général des peuples de l'antiquité était de réduire en servitude les prisonniers faits à la guerre, ainsi que le déclare Justinien, en nous donnant l'étymologie du mot *servus* et du mot *mancipium. Servi ex eo appellati sunt quod imperatores captivos vendere ac per hoc servare nec occidere solent : qui etiam mancipia dicti sunt eo quod ab hostibus manu capiuntur.* Le mot *servus* serait donc une contraction de *servatus* et signifierait que le général qui pouvait mettre à mort ses prisonniers pouvait aussi leur laisser la vie en leur enlevant la liberté. L'histoire romaine justifie ce droit de vie et de mort qu'avait le général victorieux sur ses prisonniers, et nous apprend que ceux-ci étaient le plus souvent massacrés après avoir orné le triomphe de leur vainqueur.

Nous allons rechercher quelles sont les personnes qui sont esclaves.

Qui est esclave ?

Servi aut nascuntur aut fiunt, dit Justinien.

CHAPITRE I.

ON NAIT ESCLAVE.

Nascuntur ex ancillis nostris. Est esclave l'enfant né d'un père et d'une mère esclaves.

Mais si les père et mère sont de conditions inégales, l'un étant libre et l'autre esclave, l'enfant suivra la condition de la mère — car il est de principe que là où il n'y a pas mariage, où il n'y a pas *connubium*, l'enfant suit la condition de la mère.

Mais il peut arriver que la mère, depuis l'époque de la conception jusqu'à celle de la naissance, ait été successivement libre et esclave; l'enfant sera-t-il libre ou esclave?

En principe, on donne à l'enfant la condition qu'a la mère, au moment de la naissance; car on observe que, jusqu'à cette époque, l'enfant fait une seule et même personne avec sa mère et que celle-ci ne doit lui communiquer sa condition qu'au moment où, se détachant d'elle, il forme un être distinct, il a une individualité, une existence qui lui est propre. Mais dans le cas qui nous occupe, les auteurs romains faisaient une exception à ce principe en faveur de la liberté, et Justinien la consacre dans ses Institutes en déclarant que l'enfant naîtra libre si sa mère, libre lors de sa conception, est esclave lors de sa naissance, ou même si, esclave lors de sa conception et de sa naissance, elle a été en possession de la liberté à une époque quelconque de sa grossesse. *Non debet calamitas matris ei nocere qui in utero est. Sufficit ei qui in ventre est liberam matrem vel medio tempore habuisse.*

Cette dérogation aux principes n'était pas encore admise par

Gaïus qui, supposant qu'une *civis Romana* enceinte hors mariage tombe en servitude pendant sa grossesse, *ex senatus consulto Claudiano ob id quod alieno servo coïerit denuntiante domino*, dit que son enfant sera esclave. Adrien, dans un rescrit, et Antonin Caracalla déclarent cependant que l'enfant dont se trouve enceinte la femme libre devenue esclave par suite d'une condamnation naîtra libre. Paul et Marcien exposent aussi sans hésitation cette doctrine que Justinien a reproduite.

Gaïus nous fait connaître d'autres dérogations à ce principe que l'enfant conçu hors mariage suit la condition de sa mère à l'époque de son accouchement. Ainsi :

1° La femme libre, qui vit avec l'esclave d'autrui, *volente domino*, peut, en vertu d'une convention intervenue entre elle et le maître de cet esclave, faire esclaves les enfants qui naîtront d'elle. Adrien abrogea cette disposition du SC. Claudien et décida que la mère restant libre, les enfants devaient être également libres ;

2° Une loi, dont le nom ne nous est pas connu, décidait que lorsqu'un homme libre avait des enfants d'une femme esclave qu'il croyait libre, les enfants mâles étaient libres comme lui, et les autres, esclaves comme la mère. Vespasien abolit cette loi et déclara, d'après les principes, que tous les enfants, sans distinction de sexe, devaient être esclaves comme la mère ;

3° Enfin, en vertu de la même loi, les enfants qu'une femme libre a d'un homme qu'elle sait esclave, ne sont pas libres comme elle ; ils sont esclaves.

Comment expliquer qu'Adrien, qui avait abrogé la disposition du SC. Claudien, en vertu de laquelle une femme libre pouvait convenir avec le maître d'un esclave que les enfants qu'elle aurait de cet esclave seraient en servitude, a conservé cette troisième exception et ne l'a pas supprimée pour revenir au droit commun ? Il est probable que le SC. Claudien s'appliquait au cas d'une femme *civis Romana vel latina*, tandis que cette dernière loi était tout simplement une loi locale ; car Gaïus ajoute que « chez les peuples qui n'ont pas une loi de ce genre, un enfant qui vient au monde suit, conformément au droit des

gens , la condition de sa mère, et, par conséquent, naît libre. »
Cette loi locale supposait les enfants naissant d'une *peregrina*.

CHAPITRE II.

ON DEVIENT ESCLAVE.

Servi fiunt aut jure gentium, aut jure civili.

Un homme libre devient esclave :

I. — *En vertu du droit des gens*, quand il est fait prisonnier par l'ennemi. Nous avons déjà dit que les peuples de l'antiquité réduisaient en servitude les prisonniers qu'ils faisaient à la guerre quand ils ne les tuaient pas, et il s'agit ici d'une guerre de nation à nation ; car celui qui est fait prisonnier dans une guerre civile ou par les pirates ne devient pas esclave. Si les pirates le vendent comme esclave et si la personne qui l'a acheté l'affranchit, cet affranchissement est nul , car, en droit, cet homme n'a jamais cessé d'être libre ; il n'a pu recevoir de celui qui se croyait son maître la liberté qu'il avait déjà. Par suite, il sera ingénu et non affranchi.

L'homme devenu esclave *ex captivate* ne restera esclave qu'autant qu'il sera au pouvoir de ceux qui l'ont fait prisonnier à la guerre. S'il retourne *apud suos*, s'il s'échappe, il sera libre à l'instant même. En vertu du *jus postliminii*, il recouvrera tous les droits qu'il avait au moment où il a été fait prisonnier et la qualité de citoyen romain.

II. — *En vertu du droit civil*, dans les cas suivants :

1° Le citoyen romain qui, appelé au service militaire , ne se rendait pas à l'appel pouvait être vendu comme esclave.

2° Une mention était consacrée à chaque citoyen sur les registres du cens. L'inscription d'un esclave sur ces registres, avec le consentement de son maître , lui donnait la liberté.

Inversement, quand un homme libre négligeait de se faire

inscrire, on supprimait la mention qui lui était consacrée, et cet homme était considéré comme esclave : *Cum populus incensum vendit, hoc judicat: Cum is qui in justa libertate fuerit censu liberetur, eum qui, cum liber esset, censeri noluerit, ipsum sibi libertatem abjudicasse.*

3° La loi des Douze Tables condamnait l'homme pris en flagrant délit de vol à être battu de verges, et puis attribué (*addictus*) à celui qu'il avait voulu voler. On discute sur les effets de cette *addictio*, et Gaïus nous dit qu'on n'était pas bien fixé sur la question de savoir si l'*addictus* devenait véritablement esclave.

4° D'après la loi des Douze Tables, le débiteur condamné envers son créancier avait un délai de trente jours pour exécuter la condamnation. Faute d'exécution dans ce délai, le créancier pouvait procéder à la *manus injectio*, se saisir du débiteur et le conduire *in jus*, devant le magistrat. Là, si le débiteur ne payait pas ou ne trouvait pas un garant, il était attribué par le magistrat au créancier qui pouvait l'emmener chez lui et le mettre aux fers. Si le paiement n'était pas fait dans un nouveau délai de soixante jours, le débiteur pouvait être vendu à l'étranger, *Trans Tiberim.*

Ces quatre premiers cas appartiennent au très-ancien droit romain. Ils tombèrent peu à peu en désuétude. Le recensement qui se faisait d'abord tous les cinq ans ne fut pas fait une seule fois de Vespasien à Decius, pendant une période de 200 ans, et celui qui eut lieu sous Decius fut le dernier. On ne put plus, dès lors, perdre la liberté par le fait qu'on ne s'était pas fait inscrire sur les registres du cens. Quant à l'homme libre surpris en flagrant délit de vol, l'édit du préteur, plus clément que la loi des Douze Tables, établit contre lui une action au quadruple, c'est-à-dire qu'il condamna le voleur à restituer quatre fois la valeur de la chose volée. Enfin, la condition du débiteur insolvable, adoucie d'abord par la loi Pœtilia (vers l'an 429 de la fondation de Rome) en ce sens que le créancier auquel le débiteur avait été *addictus* ne pouvait plus le charger de chaînes, fut complétement modifiée par l'institution de la *bonorum venditio* introduite vers le commencement du vii° siècle de la fondation de Rome. La *bonorum venditio* a été établie par le préteur à l'exemple de la *bonorum sectio* qui existait déjà en vertu du droit civil. Lorsqu'une condamnation prononcée au profit du trésor n'avait pas été acquittée, les biens du condamné étaient vendus en bloc. De même, dans le cas de la *bonorum venditio*, le préteur envoie les créanciers en possession des biens du débiteur, et ces biens seront vendus après les formalités et les délais prescrits ; mais il n'est plus question d'esclavage.

Un homme libre devient encore esclave :

5° Lorsque, âgé de plus de vingt ans, il s'est laissé vendre pour partager le prix. La loi romaine a voulu ici prévenir une fraude qui se commettait souvent : Primus allait trouver Secundus et lui disait : Vends-moi comme esclave; fais-toi payer le prix, et quand nous l'aurons dissipé ensemble, j'établirai que je suis un homme libre et je briserai mes chaînes. Primus avait en effet le droit de revendiquer sa liberté, et le tiers acheteur, quoique de bonne foi, ne pouvait le retenir en servitude. Il est de principe que la liberté des personnes n'est pas dans le commerce et ne peut se perdre par l'effet d'une convention. Le tiers acheteur était donc victime de la fraude de Primus et de Secundus. Mais on pensa que cette fraude devait être punie, et on permit à l'acquéreur de garder Primus comme esclave.

Pour que la liberté soit perdue, il faut que celui qui se laisse vendre comme esclave comprenne bien la portée de l'acte qu'il fait, et les Institutes disent qu'il doit être *majeur de 20 ans*. Il suffirait même qu'il eût 20 ans, sinon au moment de la vente, du moins au moment où il a partagé le prix.

Il faut, en second lieu, qu'il y ait dol ou fraude de la part de celui qui s'est laissé vendre ; que celui-ci sache bien qu'il est libre au moment où il se laisse vendre, et enfin que l'acheteur soit de bonne foi et qu'il ait payé le prix. En effet, si l'acheteur n'est pas de bonne foi, s'il sait que l'homme qu'on lui vend est libre, et s'il l'achète néanmoins, de quoi se plaint-il ? et s'il n'a pas payé le prix quand l'homme vendu revendique sa liberté, quel préjudice éprouve-t-il ? Mais si le premier acheteur de mauvaise foi a revendu l'homme à un second acheteur qui est de bonne foi, la *proclamatio ad libertatem*, qui était possible à l'encontre du premier acheteur, ne le sera pas à l'encontre du second.

6° La femme ingénue *civis Romana vel latina* qui avait commerce avec un esclave *invito domino*, devenait esclave elle-même, en vertu du SC. Claudien rendu l'an 52 de l'ère chrétienne. La servitude était encourue après trois dénonciations du maître de l'esclave et un décret du magistrat.

La femme affranchie qui, au su de son patron, s'est unie à l'esclave d'autrui, tombe également sous la puissance du maître de cet esclave. Si elle s'est unie à cet esclave à l'insu de son patron, elle retombe sous la puissance de ce patron.

Justinien abrogea ce SC. Claudien.

7° L'affranchi redevient esclave de son ancien maître s'il se rend coupable d'ingratitude à son égard. Justinien a consacré cette doctrine qui avait prévalu depuis l'empereur Commode. Auparavant, sous Auguste, la loi Œlia Sentia permettait au patron d'intenter contre l'affranchi une accusation criminelle à la suite de laquelle l'affranchi était condamné au travail dans les carrières. Le préfet de la ville ou le président de la province pouvait également, sur la plainte du patron, prononcer contre l'affranchi une peine corporelle ou pécuniaire.

8° L'homme libre, condamné au dernier supplice, perdait la liberté au moment où la sentence était prononcée. Il ne devenait l'esclave de personne ; mais il se trouvait dépouillé des droits d'homme libre et avait la condition d'esclave. Son mariage était donc dissous ; il perdait la puissance paternelle ; son testament était infirmé (*irritum*) ; s'il faisait partie d'une société, cette société se dissolvait ; il perdait les droits d'usufruit et d'usage qui pouvaient lui appartenir, car ces droits sont exclusivement attachés à la personne, et on peut dire que, par l'effet de la condamnation, *prior persona evanescit* ; enfin l'*agnatio*, la parenté civile et tous les effets attachés à la qualité d'agnat étaient détruits.

Justinien déclara que l'individu condamné *in metallum* resterait libre. La condamnation *in metallum* était une de celles qui entraînaient autrefois la perte de la liberté.

CHAPITRE III.

On cesse d'être esclave :

§ 1.

Par suite de certaines circonstances, sans affranchissement.

1° Nous avons déjà vu que le citoyen romain fait prisonnier par l'ennemi, recouvrait la liberté par le seul fait de son évasion, et qu'en vertu de la fiction du *jus postliminii*, il rentrait aussitôt dans l'exercice de tous ses droits. Il reprenait la *patria potestas ;* son testament n'était pas infirmé, les liens de l'*agnatio* restaient intacts, etc. Son mariage seul restait dissous parce que, en droit romain, le mariage supposait deux faits : le consentement des parties et la possibilité de la cohabitation. Or, la cohabitation était devenue impossible depuis la captivité du citoyen romain prisonnier.

2° Un édit de l'empereur Claude, accorda le bénéfice de la liberté à l'esclave que son maître avait abandonné *ob gravem infirmitatem*, parce qu'à raison de son âge ou de ses infirmités, il ne pouvait lui rendre des services.

3° Devient libre également l'esclave qui a été vendu sous la condition que son nouveau maître l'affranchira si celui-ci ne remplit pas cette condition.

§ 2.

Par suite d'un affranchissement.

D'après les idées qu'exprime Justinien aux Institutes, l'affranchissement, la *manumissio* est le don de la liberté. L'affranchissement dérive du droit des gens. L'esclavage s'étant introduit en vertu du droit des gens, l'affranchissement est venu à la suite.

Quant à l'étymologie du mot *manumissio*, voici ce que dit Ulpien : *Est autem manumissio de manu missio ; nam quamdiu quis in servitute est manui et potestati suppositus est ; manumissus liberatur potestate.*

Il y avait dans l'ancien droit romain trois modes solennels d'affranchissement, et ces trois modes produisaient le même effet : *una atque simplex libertas competebat ; id est eadem quam habebat manumissor, nisi scilicet quod libertinus sit qui manumittitur, licet manumissor ingenuus sit.* Ces trois modes étaient la *vindicte*, le *cens*, le *testament*.

1° *La vindicte.* Il y avait ici un procès fictif : le maître se présente devant le magistrat avec l'esclave qu'il veut affranchir et un tiers. Ce tiers prétend que l'esclave est un homme libre. Le maître ne le contredit pas. Le magistrat en conclut que l'esclave est bien, en effet, un homme libre, et il proclame sa liberté.

Ce nom de *vindicta* vient de ce qu'autrefois, dans les procès de propriété ou de liberté, on faisait figurer une baguette qui représentait la pique du soldat romain. La guerre étant, en effet, le premier mode d'acquisition de la propriété, la pique était le symbole de la propriété.

Le magistrat, faisant ici acte de juridiction gracieuse et non de juridiction contentieuse, puisque le procès est fictif, n'a pas besoin de siéger *pro tribunali* pour procéder à un affranchissement. Aussi Justinien dit-il que *plerumque in transitu manumitti solent servi veluti cum prœtor, aut proconsul, aut prœses in balneum vel in theatrum eat.*

2° *Le cens.* Nous savons que, du temps de la République, le recensement se faisait, à Rome, tous les cinq ans. L'esclave qui, avec le consentement de son maître, se faisait inscrire par les censeurs sur les registres du cens, devenait libre.

La liberté était-elle acquise à l'esclave du jour de son inscription sur les registres ou du jour de la clôture des opérations du recensement ? La question était discutée, et des jurisconsultes soutenaient qu'il fallait attendre l'accomplissement des cérémonies qui marquaient le terme des opérations du cens, parce que *omnia quæ in censu aguntur lustro confirmantur*.

3° *Testament*. Un maître peut affranchir son esclave par testament. Ce legs de la liberté ressemble au legs *per vindicationem*. L'effet du legs *per vindicationem* est de faire acquérir au légataire directement la propriété ou un autre droit dès que l'héritier institué a fait adition. De même, l'effet du legs de la liberté est de faire acquérir directement la liberté à l'esclave. Celui-ci la tient de son maître défunt et non de l'héritier de son maître. Il sera donc affranchi sans patron, puisque lorsqu'il sera libre son maître sera déjà mort. On ne peut léguer *per vindicationem* que la chose dont on est *dominus ex jure Quiritium* lors de la confection du testament et lors de la mort. De même on ne peut valablement affranchir par testament un esclave qu'autant qu'on en est le maître à ces deux époques. Si donc une personne, dans son testament, affranchit son esclave, et si l'esclave ne lui appartient plus au jour de sa mort, l'affranchissement s'évanouira, *quia libertas servo alieno inutiliter datur*. En sens inverse, si le testateur, dans son testament, affranchit l'esclave d'autrui, et s'il est devenu propriétaire de cet esclave au jour de sa mort, l'affranchissement restera sans effet, puisqu'il aura été nul dans son principe.

L'affranchissement *testamento* diffère de l'affranchissement *vindicta* et de l'affranchissement *censu*, en ce qu'il peut être fait sous condition, et si la condition est encore pendante lors du décès du testateur, l'héritier devient le maître de l'esclave jusqu'à ce qu'elle soit arrivée. On dit alors que l'esclave est *statuliber*. De plus, si l'esclave est affranchi *vindicta* ou *censu*, ou plus généralement entre vifs, son maître est considéré comme lui donnant son pécule, par cela seul qu'il ne le lui retire pas expressément. Au contraire, quand l'esclave est affranchi par testament, le pécule doit lui être légué par une disposition formelle. Sans cela, le pécule resterait dans l'hérédité.

Dans l'ancien droit, la disposition par laquelle le maître instituait son esclave héritier, ne contenait pas implicitement l'affranchissement de l'esclave, et il fallait même qu'il y eût un affranchissement en termes exprès, dans le testament, pour que l'institution fût valable; mais Justinien considéra le maître comme affranchissant son esclave par cela seul qu'il l'instituait.

On peut, par fidéicommis, laisser la liberté à un esclave, c'est-à-dire charger son héritier ou un légataire d'affranchir son propre esclave, ou l'esclave du fiduciaire, ou celui d'un étranger. Si l'esclave appartient au fiduciaire ou au testateur, cette disposition s'exécutera sans difficulté, comme toute autre disposition quelconque faisant partie d'un fidéicommis; mais s'il appartient à un étranger, le fiduciaire devra l'acheter, afin de l'affranchir ensuite. Dans le cas où le propriétaire de l'esclave ne veut pas le vendre pour un prix raisonnable, les jurisconsultes admettaient que le fidéicommis s'évanouit. Mais l'empereur Alexandre décida que l'obligation du fiduciaire ne serait pas éteinte, mais seulement remise, et que celui-ci devrait acheter et affranchir l'esclave dès que l'occasion s'en présenterait. Justinien consacre sa décision : *Non statim extinguitur fideicommissaria libertas, sed differtur.*

Il y a entre l'affranchissement fidéi-commissaire et l'affranchissement direct par testament cette différence que, dans le premier cas, l'esclave est l'affranchi de l'héritier ou du légataire qui lui donne la liberté, conformément à la volonté du testateur; il a pour patron cet héritier ou ce légataire; dans le second cas, il n'a pas de patron, ainsi que nous l'avons déjà dit: *ipsius testatoris libertus fit qui etiam Orcinus appellatur.*

Tels étaient les trois modes solennels ou publics d'affranchissement.

Constantin introduisit un quatrième mode solennel : l'affranchissement *in sacrosanctis ecclesiis.* Le maître, dans l'église, en présence des fidèles, déclarait donner la liberté à son esclave. Cette déclaration était constatée par écrit. L'esclave ainsi affranchi était citoyen romain.

La législation romaine adopta successivement, à côté des modes publics, des modes privés de manumission dont les effets ont varié suivant les époques. Ainsi, le maître pouvait affranchir son esclave :

1° *Inter amicos*, par une déclaration faite en présence de témoins. Dans le principe, cette déclaration ne donnait pas la liberté à l'esclave en droit, mais le préteur intervenait pour protéger la personne de l'esclave si le maître, contrairement à sa déclaration, voulait exiger de lui les *operæ serviles*. Le préteur ne protégeait que sa personne ; les biens qu'il avait acquis ne lui appartenaient pas et restaient au maître.

Depuis la loi Junia, l'esclave affranchi *inter amicos* devient réellement libre, en droit comme en fait, quant à sa personne et quant à ses biens ; seulement, il n'est pas citoyen romain, il est latin Junien : *latin*, parce que la loi Junia l'assimile, quant à sa condition, aux citoyens romains émigrés dans une colonie latine, et qu'on appelait *latini coloniarii* ; *Junien*, parce que c'est la loi Junia qui a consacré leur état de liberté.

Justinien exigea que la déclaration du maître fût faite en présence de cinq témoins.

Lorsque le vendeur d'un esclave n'en a pas fait *mancipatio* ou *in jure cessio* à l'acheteur, mais le lui a seulement livré, l'acheteur n'a pas la propriété quiritaire de cet esclave. C'est le vendeur qui en est toujours *dominus ex jure quiritium* ; l'acheteur l'a seulement *in bonis*, et il n'en deviendra *dominus* que par l'usucapion. D'ailleurs, c'est celui qui a une chose *in bonis* qui retire d'elle les services qu'elle peut rendre, et c'est ici celui qui a l'esclave *in bonis* qui est investi de la *dominica potestas* et qui l'affranchira. D'après la loi Junia, cet affranchissement ne le rendra pas citoyen romain, mais latin Junien.

L'esclave peut être affranchi n'importe à quel âge. Son âge peut seulement influer sur la condition qu'il aura après son affranchissement. C'est ainsi que la loi Œlia Sentia, rendue sous le règne d'Auguste, déclare que l'esclave affranchi *vindicta* sera latin s'il a moins de 30 ans, *nisi apud consilium causa probata fuerit*. Affranchi *testamento*, il sera latin dans tous les cas *s'il a moins de 30 ans*.

On n'est pas d'accord sur la date de la loi Junia. Parmi les auteurs, les uns croient qu'elle a été rendue sous le règne de Tibère ; les autres qu'elle est antérieure à la loi Œlia Sentia ;

et ces derniers se fondent justement sur ce que c'est la loi Junia qui a établi la classe des affranchis latins et sur ce que la loi Œlia Sentia a rangé au nombre des latins les esclaves affranchis dans certaines conditions.

Nous n'avons pas ici à parler de la condition des latins Juniens, et nous passons immédiatement à d'autres modes d'affranchissement.

2° Justinien déclare que l'esclave peut être affranchi *per quamlibet ultimam voluntatem*. Cet acte de dernière volonté, aux termes d'une constitution de Théodose le Jeune, devait être fait en présence de cinq témoins. Il pouvait être une donation à cause de mort ou un codicille. Le codicille qui contenait un affranchissement direct devait être confirmé par testament ; sans cela, il ne pouvait contenir que des fidéicommis et nous avons déjà montré l'intérêt qu'il y avait pour l'esclave à recevoir du testateur la liberté directe ou la liberté fidéicommissaire.

3° Justinien cite enfin l'affranchissement *per epistolam*. Ce mode s'emploie quand le maître et l'esclave ne sont pas présents au même lieu. Le maître écrit alors une lettre à l'esclave pour lui déclarer son intention de lui donner la liberté. Justinien exige ici, comme en matière de codicille, l'intervention de cinq témoins.

4° Autrefois, un esclave devenait libre par ce fait qu'il était adopté par son maître, et Justinien déclare libre l'esclave auquel son maître a donné le nom de fils *actis intervenientibus*, bien que cela ne suffise pas pour lui conférer véritablement la qualité de fils.

Nous mentionnons ici que Justinien a déclaré citoyens romains tous les affranchis, sans faire aucune distinction d'après l'âge du *manumissus*, le mode de *manumissio*, l'espèce de propriété qu'avait le *manumissor*.

CHAPITRE IV.

CAS DANS LESQUELS L'AFFRANCHISSEMENT EST FRAPPÉ DE NULLITÉ.

Premier cas. — Est nul, d'après la loi Œlia Sentia, l'affranchissement que le maître fait *in fraudem patroni vel creditorum.*

1° *In fraudem patroni.* — L'affranchi peut chercher à diminuer la part à laquelle son patron a droit dans sa succession. Le préteur décide que les actes de cette nature pourront être annulés, et spécialement, si cet acte est un affranchissement, la loi Œlia Sentia l'annule.

Cette disposition de la loi Œlia n'est pas reproduite par Justinien qui remania la matière des droits du patron et de la succession des affranchis.

2° *In fraudem creditorum.* — Quand dirons-nous que l'affranchissement est fait en fraude des droits des créanciers ? Lorsque cet affranchissement a déterminé ou augmenté l'insolvabilité du maître, et l'opinion générale des jurisconsultes exigeait de plus chez celui-ci *l'animus fraudandi.* Il devait donc y avoir à la fois *consilium* et *eventus*, préjudice et fraude du maître. S'il n'y a pas eu fraude du maître, si celui-ci, par exemple, avait, dans des pays éloignés, des biens qu'il administrait *per servos atque libertos*; s'il a éprouvé des pertes considérables qui l'ont rendu insolvable, pertes dont il n'a pas eu connaissance, l'affranchissement qu'il aura fait dans l'ignorance de ces événements restera valable. Il sera valable également dans l'espèce suivante présentée par Julien : Primus, débiteur de Secundus et se sachant insolvable, fait un affranchissement testamentaire. Avant de mourir, il désintéresse Secundus et devient plus tard débiteur de Tertius (on suppose ici que l'argent de Tertius n'a pas servi à désintéresser Secundus.) En effet, *ut libertates rescindantur utrumque in eorumdem personam exigimus et consilium et eventum; et si quidem creditor cujus fraudandi initum consilium erat non fraudatur, adversus eum qui fraudatur initum consilium non est.*

Un homme se sachant insolvable fait un affranchissement testamentaire. Sa succession est recueillie par une personne solvable. L'affranchissement sera-t-il valable ? — La question était discutée. On soutenait qu'il n'y avait pas ici préjudice pour les créanciers du testateur dont l'héritier continuait la personne et était solvable; qu'ainsi l'affranchissement ne devait pas être nul. L'opinion contraire avait cependant prévalu. Si l'affranchissement n'est pas nul, disait-elle, l'institué ne voudra peut-être pas faire adition de l'hérédité. Mais si le testateur avait dit : *Cum æs alienum solutum erit, Stichus liber esto,* l'affranchissement serait valable, car il n'y aurait pas ici le *consilium fraudandi.* Ce *consilium* n'existe pas, en effet, puisque le testateur *apertissime curavit ne creditores sui fraudarentur.*

Si j'ai vendu mon esclave, je puis néanmoins l'affranchir, dans le cas où je suis solvable, et alors je serai condamné envers l'acheteur à des dommages-intérêts. De même, d'après les Institutes, si un testateur lègue un esclave appartenant à son héritier, et si celui-ci l'affranchit, l'affranchissement sera valable, mais l'héritier restera tenu envers le légataire.

Les créanciers peuvent demander, pendant dix ans, la nullité de l'affranchissement fait en fraude de leurs droits.

Deuxième cas. — Est nul l'affranchissement que fait un maître, mineur de 20 ans, *nisi vindicta apud consilium justa causa manumissionis adprobata fuerit.* Pour qu'un homme ne soit plus *minor viginti annorum,* il n'est pas nécessaire qu'il se soit écoulé, depuis sa naissance, 20 ans comptés d'heure à heure. S'il est né le 1er janvier, à une heure quelconque, il ne sera plus *minor viginti annorum* vingt ans après, à l'instant où commencera le 1er janvier de la 20e année.

Le conseil qui doit approuver la *causa manumissionis* se compose, à Rome, de cinq sénateurs et de cinq chevaliers romains, et s'occupe des affranchissements à des jours déterminés. En province, il se compose de vingt *recuperatores* citoyens romains, et s'assemble le dernier jour du *conventus,* c'est-à-dire des assises que tenait le gouverneur dans les villes principales de la province. Il se compose du sénat municipal, dans les villes autres que Rome ou autres que les villes du *conventus*. Le conseil était convoqué et présidé par le consul ou le préteur, à Rome ; par le gouverneur, dans les provinces. — On ne sait pas au juste comment ses membres étaient nommés.

Si le conseil prononce qu'il y a une *justa causa manumissionis*, l'affranchissement pourra être fait par le maître, mineur de vingt ans, même impubère. Seulement, dans ce cas, il lui faudra l'autorisation de son tuteur, *ità tamen ut peculium servum non sequatur* ; en effet, le pupille ne devant pas être autorisé à faire des donations, il ne faut pas qu'il laisse le pécule à l'esclave qu'il affranchit. Mais l'affranchissement serait impossible si le maître était encore *infans*, car il doit figurer en personne dans l'affranchissement *vindicta*. Cet affranchissement est un de ces actes qui ne peuvent être accomplis que par la partie intéressée, qui est entouré de solennités particulières auxquelles on ne peut rien changer, et dans lesquels le tuteur ne peut pas représenter le pupille. Anciennement, ceci s'appliquait non-seulement à l'*infans*, mais encore à l'*infanti proximus*, et c'était seulement lorsqu'il devenait *pubertati proximus* que le mineur pouvait faire un affranchissement *vindicta*.

Que doit-on entendre par *infans*, *infanti proximus*? *Infans* désigne celui qui, à raison de son âge, ne peut pas exprimer des idées qui se suivent, et on admet généralement que l'*infantia* durait jusqu'à sept ans. Tant qu'il est *infanti proximus*, le pupille peut bien exprimer des idées qui se suivent, mais il n'a pas encore l'*intellectus* ; il ne peut pas encore se rendre compte de ses affaires. Il n'y avait pas d'âge fixe auquel on présumait qu'il avait cet *intellectus* ; cet âge variait avec l'intelligence du mineur. Mais à l'époque des jurisconsultes, l'*infanti proximus* était assimilé au *pubertati proximus*, et Justinien adopte cette doctrine : *In proximis infanti , propter utilitatem eorum, benignior juris interpretatio facta est ut idem juris habeant quod pubertati proximi*. Le pupille put donc alors affranchir son esclave *vindicta* aussitôt qu'il était sorti de l'*infantia*.

Il n'est pas d'ailleurs indispensable que l'affranchissement soit effectué *vindicta*, et s'il a lieu d'une autre manière, il sera valable si la *justa causa* a été constatée par le conseil.

Dans quel cas y aura-t-il *justa causa* ?

Il y aura *justa causa*, dit Justinien dans une énumération qui n'est pas limitative, quand il s'agira pour le maître d'affranchir son père ou sa mère, son fils ou sa fille, son frère ou sa sœur, son précepteur, sa nourrice, celui qui l'a élevé, son frère de lait, un esclave dont il veut faire son procureur, une esclave qu'il veut épouser. Et il ajoute que l'esclave dont le maître veut faire son procureur doit avoir dix-sept ans (car celui-là seul peut postuler pour autrui qui a cet âge), et que l'esclave doit être épousée dans un délai de six mois, *nisi justa causa impediat.* On peut citer comme motifs légitimes empêchant le mariage : la mort du maître, l'acquisition de la qualité de sénateur. L'esclave affranchie est donc libre sous cette condition : *Si intrà sex menses uxor ducatur.*

En principe, les femmes ne peuvent pas *matrimonii causa manumittere.*

Semel causa probata, sive vera sit, sive falsa, non retractatur. Si donc le conseil a été induit en erreur, si la *justa causa* en considération de laquelle il a autorisé l'affranchissement n'existait pas, l'affranchissement n'en sera pas moins valable.

L'homme, à quatorze ans, peut disposer de ses biens et aliéner ses esclaves ; il ne peut pas les affranchir avant l'âge de vingt ans. — Pourquoi cette différence entre l'aliénation et l'affranchissement ? Cette différence tient à ce que les Romains n'accordaient pas légèrement le droit de cité et pensaient qu'il était d'intérêt public que ceux-là seulement devinssent citoyens romains qui en étaient dignes et qui n'useraient pas de cette qualité au préjudice de l'Etat. Ils considéraient donc l'acquisition de la liberté et de la qualité de citoyen comme un fait très-grave, et c'est pour cela qu'ils la soumirent à des dispositions de rigueur. Justinien n'a pas été touché de cette raison, et après avoir abaissé d'abord à dix-sept ans l'âge auquel le maître pourrait faire un affranchissement testamentaire, il permit plus tard au maître d'affranchir à l'âge où il pourrait tester, c'est-à-dire à quatorze ans. Mais, quant aux affranchissements entre vifs, il n'a pas modifié la loi Œlia Sentia.

Il y a une exception à la loi Œlia Sentia : l'affranchissement testamentaire fait *in faudem patroni vel credictorum*, ou par un maître mineur de vingt ans, sera valable lorsque le maître, n'étant pas solvable, aura fait un testament où il aura institué héritier l'esclave qu'il affranchit, si, toutefois, en vertu de ce testament, le testateur ne peut pas avoir d'autre héritier, soit parce qu'il n'y aura pas d'autre héritier *scriptus*, soit parce que l'héritier *scriptus* n'aura pas fait adition de l'hérédité. En effet, si, dans ce cas, l'esclave ne devenait pas libre et citoyen romain, le maître n'aurait pas d'héritiers. C'est afin d'éviter que les biens du défunt ne soient vendus sous son nom que l'on déroge ainsi à la loi Œlia Sentia. On sait, en effet, que lorsqu'un homme meurt, *sine herede*, ses biens sont vendus sous son nom; tandis que, s'il y a un héritier, ils sont vendus sous le nom de l'héritier, et l'ignominie, qui s'attache à la *venditio bonorum*, atteint alors l'héritier et non la mémoire du défunt.

Si deux esclaves ont été affranchis et institués, ce sera seulement l'esclave *primo loco scriptus* qui obtiendra la liberté et la succession. En effet, dès qu'il y a un héritier, la loi Œlia Sentia reprend son empire.

Nous avons déjà dit que, d'après les anciens jurisconsultes, le testament devait contenir la *manumissio* en termes exprès, jointe à l'institution ; mais Justinien nous apprend ici qu'il a décidé d'une manière générale *ut ex ipsa scriptura institutionis etiam libertas servo competere videatur*. Il n'est pas vraisemblable, ajoute-t-il, que celui qui s'est choisi son esclave pour héritier ait entendu qu'il restât dans l'esclavage et ne pût ainsi devenir son héritier.

Troisième cas. — La loi Fusia ou Furia Caninia, rendue l'an 761 de Rome, restreignit la faculté d'affranchir par testament. Elle craignit que la générosité du testateur ne fût trop grande, parce que l'affranchissement testamentaire, ne produisant son effet qu'après sa mort, ne le dépouillait pas de son vivant. D'après cette loi , celui qui a moins de trois esclaves peut les affranchir tous ; celui qui en a trois peut en affranchir deux ; de quatre à dix, on peut en affranchir la moitié ; de dix à trente, le tiers et toujours au moins cinq, etc. Dans aucun cas, on ne peut affranchir plus de cent esclaves. Si le testateur affranchit plus d'esclaves que ne le permet cette loi, les premiers nommés seront libres jusqu'à celui qui complètera le nombre autorisé par la loi , et si les noms sont écrits *in orbem*, de sorte qu'on ne puisse savoir quel est celui dont le nom a été écrit le premier, tous les affranchissements seront nuls.

La loi exigeait, de plus, que l'esclave affranchi fût désigné d'une manière spéciale et individuelle.

Cette loi a été abrogée par Justinien , qui déclare inhumain *vivos quidem licentiam habere totam suam familiam libertate donare, morientibus autem hujusmodi licentiam adimere.*

Quatrième cas. — L'affranchissement est quelquefois impossible pour des motifs qui tiennent à la position du maître. Ainsi , le maître qui est sous le coup d'une accusation capitale, la femme pendant les soixante jours qui suivent le divorce , à moins que celui-ci n'ait eu lieu par consentement mutuel , ne peuvent faire aucun affranchissement. La prohibition, au cas du divorce, est fondée sur ce que le divorce fait présumer l'adultère, et si l'accusation d'adultère est intentée contre la femme , il faut que ses esclaves puissent être appelés en témoignage et même soumis à la torture. On craignait , si leur affranchissement fût resté valable , que leur maîtresse, peut-être leur complice , ne cherchât dans leur mise en liberté un moyen de les soustraire à ce mode d'instruction : la torture , et d'entraver l'action de la justice.

Cinquième cas. — L'affranchissement peut enfin être impossible par des motifs qui tiennent à la position de l'esclave ; par exemple , lorsque l'esclave aura été vendu avec la condition *ne manumittatur.*

Si un esclave a séquestré une personne (délit appelé *plagium*), et si son maître a supporté la peine pécuniaire prononcée par la loi Fabia, cet esclave ne peut pas être affranchi pendant dix ans, et dans le cas où l'affranchissement est contenu dans un testament, il faudra, pour qu'il soit valable, que ces dix ans soient expirés à la mort du testateur s'il laisse un héritier *sien et nécessaire*, ou lors de l'adition de l'hérédité, s'il laisse un héritier *externe*.

Un esclave condamné par le magistrat *in temporaria vincula* ne peut pas être affranchi pendant la durée de la peine.

Supposons un esclave légué sous condition. On admet, en général, bien que la question fût discutée, que, *pendente conditione*, il appartient à l'héritier. En effet, disaient les Sabiniens, cet esclave est dans la position du *statuliber*, de l'esclave affranchi sous condition, lequel appartient à l'héritier jusqu'à l'arrivée de cette condition. Les Proculéiens soutenaient au contraire que l'esclave est *res nullius* tant que la condition n'est pas accomplie, et même tant que le légataire n'a pas accepté le legs. Mais l'opinion sabinienne avait prévalu. Dans ce cas, l'héritier, quoique propriétaire de l'esclave jusqu'à l'arrivée de la condition, ne pourra pas l'affranchir. Il ne le pourra pas parce que la liberté acquise est irrévocable, et si l'esclave acquérait réellement la liberté *legatario injuria fieret*. Mais si la condition ne s'accomplit pas, l'esclave sera libre, car on peut considérer cet affranchissement comme fait sous la condition que le legs s'évanouira.

SECONDE PARTIE

De la condition des esclaves.

Nous avons dit que la division la plus large des personnes était la division en libres et en esclaves. Mais l'esclave est-il une personne ? N'est-il pas plutôt une chose ? Nous le voyons, en effet, objet du droit de propriété, d'usufruit, d'usage, d'hypothèque, objet des contrats que les hommes font entre eux, vendu et acheté, loué, prêté ; les Institutes, au livre II, titre II, § 1er, le rangent parmi les choses corporelles ; Ulpien, divisant les choses *en res mancipi* et *res nec mancipi*, le range au nombre des RES MANCIPI à côté des *quadrupedes quæ dorso collove domantur*. La loi Aquilia, plébiscite rendu l'an 468 de la fondation de Rome, condamne celui qui a tué l'esclave d'autrui à payer au propriétaire la plus haute valeur que l'esclave ait eue dans l'année, absolument comme lorsqu'il s'agit de la mort d'un quadrupède, *quæ pecudum numero sit*. Toutefois, à une autre point de vue, l'esclave est bien une personne. S'il est souvent objet d'un droit, il peut être aussi sujet d'un droit. S'il peut être vendu, acheté, légué, etc., il peut être aussi acheteur, vendeur, légataire, etc.; il peut stipuler. Les jurisconsultes romains lui reconnaissent la qualité d'une *personne*.

Nous examinerons la condition des esclaves : 1° quant à la personne ; 2° quant aux biens.

CHAPITRE Ier.

CONDITION DES ESCLAVES QUANT A LEUR PERSONNE.

Nous savons que la puissance dominicale a son origine dans le droit des gens, et que les premiers esclaves ont été les prisonniers faits à la guerre qui étaient complètement à la merci de leurs vainqueurs. Dans l'origine, le maître avait donc droit de vie et de mort sur l'esclave, et jusqu'aux premiers empereurs romains il usait souvent de ce droit avec cruauté. Sous les empereurs, on commença à mettre des bornes raisonnables à l'omnipotence du maître, et on adoucit le sort des esclaves. Sénèque nous apprend que sous Auguste, ou un de ses successeurs, le préfet de la ville avait été chargé de connaître des mauvais traitements dont ils étaient l'objet. Claude déclara libre et latin l'esclave abandonné *ob gravem infirmitatem*. La loi Plœtoria retira au maître le droit de condamner l'esclave *ad bestias depugnandas* ou de le vendre avec la condition *ut cum bestiis pugnaret*, et Adrien défendit de le mettre à mort autrement qu'en vertu d'une sentence du magistrat.

Les Institutes mentionnent particulièrement deux constitutions d'Antonin le Pieux. D'après la première, le maître qui, sans motif, donne la mort à son esclave, est tenu comme celui qui la donne à l'esclave d'autrui et il est sous le coup de la loi Cornelia *de sicariis* rendue sous Sylla. Cette loi punit le meurtre d'un homme libre ou de l'esclave d'autrui, de la déportation avec confiscation des biens. — Dans sa seconde constitution, Antonin déclare qu'il est de l'intérêt des maîtres eux-mêmes qu'on ne refuse pas protection aux esclaves maltraités outre mesure, et Justinien affirme qu'il y a là un intérêt public. En effet, il importe de ne pas exaspérer les esclaves, et de ne pas les pousser à une rébellion dont les maîtres seraient les premières victimes et qui compromettrait la sûreté de l'Etat. D'ailleurs, les services que rend une chose sont d'autant plus grands que le maître use de cette chose avec plus de ménagements, et la société tout entière s'y trouve intéressée. En conséquence, Antonin ordonne aux gouverneurs de province d'accueillir les réclamations des esclaves, et déclare que ceux-ci seront vendus de manière qu'ils ne puissent jamais retomber au pouvoir du même maître, si ce maître a abusé de sa puissance. La vente doit se faire *bonis conditioni-bus* pour le maître qui, de son côté, ne doit pas y mettre des conditions trop dures pour l'esclave, telles que la clause *ne ma-numittatur*.

Constantin confirma ces constitutions et laissa seulement au maître le *jus castigandi non etiam occidendi*, et il déclara que, si, en châtiant son esclave, le maître l'avait tué, on devrait déterminer, d'après les circonstances, si le maître avait eu d'avance l'intention de le faire périr.

Nous n'insisterons pas davantage sur cette partie de notre sujet qui appartient à l'histoire plutôt qu'au droit. C'est la condition civile de l'esclave et non sa condition domestique que nous devons étudier.

CHAPITRE II.

CONDITION DES ESCLAVES QUANT AUX BIENS.

Toute acquisition faite par l'esclave profite au maître. L'esclave peut acquérir des biens par les modes ordinaires, mais le maître devient propriétaire des biens que l'esclave acquiert, car l'esclave ne peut pas être propriétaire. Il a un pécule composé de valeurs que le maître lui remet pour les faire fructifier, et ce pécule constitue pour lui, en fait, une sorte de patrimoine. Mais, en droit, il appartient toujours au maître qui peut le reprendre.

Peculium Tubero sic definit : *quod servus, domini permissu, separatum à rationibus dominicis habet, deducto inde si quid domino debetur.* (Ulpien L. 5 § 4 de Pec.) Le pécule ne se crée pas *nuda voluntate domini*, mais par la tradition réelle que le maître fait à l'esclave des valeurs qui doivent le composer, ou par la tradition feinte, lorsque ces valeurs se trouvent déjà en la possession de l'esclave. Le pécule pourra toutefois, dans certains cas, être augmenté *nuda domini voluntate*, par exemple, si le maître a fait remise d'une dette à l'esclave : l'obligation naturelle qui peut seule exister, ainsi que nous le verrons, entre le maître et l'esclave, se trouve ainsi éteinte par la seule volonté du maître. Il en résulte donc que le pécule *quod non in-*

telligitur nisi deducto eò quod domino debetur, augeatur nuda domini voluntate.

Le pécule ne peut pas être constitué par un pupille ou par un *furiosus* ; mais, constitué *ante furorem* ou par le père du pupille, il ne sera pas détruit par ce fait que le maître est maintenant *furiosus* ou impubère.

Le pécule peut se composer de toute sorte de choses mobilières ou immobilières. Il peut comprendre des esclaves (*vicarii*) et le pécule de ces esclaves. Il se grossit de tous les droits de créance que l'esclave peut acquérir contre des tiers, et même contre son maître : par exemple, quand l'esclave fait une dépense pour le compte de son maître, ou généralement quand il y a *in rem domini versum*. Alors, le maître se trouve obligé envers le pécule jusqu'à concurrence du profit qui lui a été procuré.

Peculium nascitur, crescit, decrescit, moritur. Simile est homini (Marcien). Nous avons dit comment le pécule prenait naissance, comment il augmentait. Il décroît, par exemple, quand des esclaves *vicarii* meurent, quand les choses qu'il comprend périssent. Enfin, il s'éteint quand le maître l'enlève à l'esclave.

L'esclave peut seulement jouir du pécule. Cependant, s'il en a reçu la *libre* administration, il peut même aliéner les biens qui le composent, si ce n'est en faisant des donations ou en les engageant pour garantir la dette d'autrui.

SECTION 1.

CAPACITÉ DES ESCLAVES AU POINT DE VUE DE L'ACQUISITION DES DROITS RÉELS OU PERSONNELS.

Nous allons d'abord considérer l'esclave comme instrument d'acquisition pour le maître. Nous diviserons cette section en quatre paragraphes dans lesquels nous envisagerons l'esclave à quatre points de vue : comme contractant d'une manière générale, comme institué, comme légataire, comme stipulant.

§ 1.

Esclave contractant.

L'esclave peut acquérir à son maître la propriété ou un autre droit réel, soit par mancipation, soit par legs, mais non par *in jure cessio* ou par *adjudicatio*, parce qu'il ne peut pas revendiquer une chose comme sienne devant le magistrat ; cette acquisition a lieu au profit du maître même, sans qu'il en ait conscience. Il peut acquérir par legs, et, dans ce cas, il faut que le testateur ait la *factio testamenti* avec le maître. Il peut acquérir à son maître le *jus hereditarium* ; institué héritier par un tiers, il fera adition par l'ordre de son maître, et *domino hereditas adquiritur perindè ac si ipse heres institutus esset.* Nous reviendrons d'ailleurs sur ces deux derniers cas dans les paragraphes 2 et 3.

L'esclave peut, par ses contrats, acquérir la possession à son maître, à condition que son maître le possède. Deux éléments sont nécessaires pour acquérir la possession : le *corpus* et l'*animus*. Le *corpus* doit se trouver chez l'esclave, l'*animus* chez le maître. *Possessionem,* dit Paul, *adquirimus et corpore et animo : animo utique nostro, corpore vel nostro vel alieno.* Mais si l'esclave a un pécule, il acquerra la possession au maître *ex peculiari causa,* même à son insu ; le maître est considéré comme ayant eu une fois pour toutes l'*animus possidendi,* quant aux choses dont l'esclave prendra possession à l'occasion du pécule. On l'a admis *utilitatis causâ ne cogerentur domini per momenta species et causas peculiorum inquirere* (Papinien). Alors le maître qui possèdera à son insu pourra usucaper sans le savoir, à la condition, toutefois, que l'esclave soit de bonne foi, qu'il croie que celui de qui il tient la chose avait pouvoir de l'aliéner : *mens tunc servi quærenda* (Paul). Toutefois, l'esclave devra lui-même avoir conscience de l'acquisition. Le maître ne pourrait pas acquérir la possession par un esclave qui serait en démence.

Si l'esclave a été donné en gage, son maître qui ne le possède plus, acquerra-t-il par lui la possession ? Les jurisconsultes romains admettaient la négative : *Ad unam enim tantum causam videri eum a debitore possideri, ad usucapionem.* (Paul, L. I, §15 de adq. vel amitt. poss.) Le créancier gagiste, ne possédant pas *ex justa causa* ne peut rien acquérir par cet esclave. (L. 37 pr. D. de adq. rer. dom.)

Le maître peut-il acquérir la possession par l'esclave qui s'est enfui ? Les jurisconsultes romains n'étaient pas d'accord sur ce point. Paul (L. I, § 14, de adq. vel amitt. poss.), sans formuler son avis, mentionne seulement les deux opinions opposées qui existaient à ce sujet, et dit : *Per servum qui in fuga sit nihil posse nos possidere Nerva filius ait : licet respondeatur, quamdiu non possideatur, a nobis eum possideri ideoque interim etiam usu- capi. Sed, utilitatis causa, receptum est ut impleatur usucapio quamdiu nemo nactus sit ejus possessionem. Possessionem autem per eum adquiri, sicut per eos quos in provincia habemus, Cassii et Juliani sententia est.* Cette dernière opinion, celle de Cassius et Julianus, a prévalu, et c'est pourquoi Hermogénien dit que l'es- clave en fuite acquiert la possession à son maître : *Si neque ab alio possideatur neque se liberum esse credat* (L. 1., § 1 de adq. vel amitt. poss.)

L'esclave qui appartient à plusieurs maîtres acquiert à chacun en proportion du droit de chacun, alors même qu'il aurait acquis la chose *ex re alterius*, sauf réglement entre les maîtres. Si tou- tefois, l'esclave avait déclaré vouloir acquérir la chose pour un seul de ses maîtres, ou s'il l'avait acquise sur l'ordre de l'un d'eux, cette chose n'appartiendrait qu'à ce maître.

L'esclave qui fait partie d'une hérédité jacente, le *servus hereditarius*, peut acquérir la propriété *ex persona defuncti* à l'hérédité jacente ; il ne peut lui acquérir la possession que *ex causa peculiari*, parce qu'il n'appartient pas à une personne réelle capable d'avoir l'*animus*.

Nous avons supposé jusqu'ici qu'il s'agissait d'un esclave dont la propriété complète appartenait à un seul. Prenons quelques espèces où la propriété est démembrée, et recherchons quelles solutions nous donnerons aux questions qui se présenteront.

Ainsi, l'esclave peut être l'objet d'un droit d'usufruit ou d'usage. Dans cette position, il est possible que l'esclave travaille pour un tiers moyennant un salaire. Ce salaire est un fruit; il appartiendra à l'usufruitier : *In hominis usufructu operæ sunt et ob operas mercedes.* (Gaïus, l. III, D. de op. serv.) L'esclave peut faire une acquisition avec l'argent de l'usufruitier ou de l'usager : cette acquisition appartiendra à ces derniers qui acquerront par lui ce qui provient *ex re eorum* (cela correspond au *jus utendi*) et *ex operis servi* (cela correspond au *jus fruendi*). Ce que l'esclave acquiert *extra eas causas* appartient à son maître.

Cet esclave fait une acquisition pour un prix qui n'est pas payé à l'aliénateur. A qui la chose appartiendra-t-elle ? A l'usufruitier, si le prix est payé avec son argent ; au maître, s'il est payé *aliunde*.

Cet esclave peut même faire une acquisition *ex re usufructarii* en disant qu'il entend acquérir pour son maître, et alors la chose appartiendra bien au maître. Mais l'usufruitier aura une *condictio* contre celui-ci pour se faire rembourser la valeur fournie.

L'esclave peut-il acquérir la possession à celui qui a sur lui un droit d'usufruit ? La question avait été très discutée. Ceux qui soutenaient la négative s'appuyaient sur ce que l'usufruitier ne possède pas cet esclave. Mais on admit cependant que l'usufruitier pouvait acquérir la possession *ex re sua vel ex operis servi.*

L'esclave acquiert *ex omni causa* à celui qui l'a *in bonis*.

Justinien paraît assimiler l'esclave grevé d'un droit d'usage à l'esclave grevé d'un droit d'usufruit et les mettre sur la même ligne. Mais, par l'esclave dont je suis usager, je n'acquiers que la créance qui provient *ex re meâ*, car les *operæ* profitent à celui qui a le *fructus*, c'est-à-dire au propriétaire ou à l'usufruitier.

Comme la propriété, comme la possession, l'esclave acquiert à son maître un droit de créance.

Dans certains cas, l'esclave peut acquérir à son maître une action, indépendamment de tout contrat fait par lui. Ainsi, le maître pourra se trouver blessé indirectement par un tiers dans la personne de son esclave et avoir une action à l'effet d'obtenir réparation de la part de ce tiers. L'injure adressée à un esclave ne l'atteint pas lui-même, car *servis ipsis nulla injuria fieri intelligitur*; mais elle atteint son maître, *cum quid atrocius commissum fuerit et quod aperte ad contumeliam domini respicit, veluti si quis alienum servum verberaverit.* (Instit. § 3, de Inj.)

La loi des xii tables avait établi contre l'auteur du délit d'injure tantôt la peine du talion, tantôt une peine pécuniaire. Mais le préteur permit à la personne injuriée d'estimer elle-même l'injure; le juge avait pouvoir de réduire cette estimation si elle lui paraissait exagérée. L'*æstimatio injuriæ* dépend de l'honnêteté et de la qualité de la personne.

Nous savons que l'injure n'atteint le maître que lorsqu'elle est atroce. L'atrocité pourra résulter du fait qui constitue l'injure, du lieu où elle a été adressée, de la qualité de la personne qui l'a reçue.

Nous avons dit : *servis ipsis nulla injuria fieri intelligitur.* Cela est vrai en droit civil; mais, en droit prétorien, *si quis sic fecit injuriam servo ut domino faceret, dominus injuriarum agere poterit suo nomine; si vero non ad suggillationem domini id fecit, ipsi servo facta injuria inulta a prœtore relinqui non debebit, maxime si verberibus vel questione fieret : hanc enim et servum sentire palam est.* (Ulpien L. 15, § 35. D. Injur.)

L'injure adressée à un *servus communis* sera considérée comme atteignant ses différents maîtres si elle est atroce; et on s'attachera non à la part de propriété que chacun a sur l'esclave, mais à la qualité de chacun (Instit.). Paul, au contraire, dans la loi 16, D. de Inj., donne la décision inverse : *Non est æquum pro majore parte quam pro qua dominus est damnationem fieri, et ideo officio judicis portiones æstimandæ erunt.* Paul a sans doute en vue l'action prétorienne donnée *nomine servi*, tandis que Justinien a probablement voulu parler de l'action que le maître intente *suo nomine.*

Si l'esclave injurié est grevé d'usufruit, le maître, plutôt que l'usufruitier, sera considéré comme atteint par l'injure.

Enfin, celui qui possède de bonne foi un homme libre ou

l'esclave d'autrui ne sera pas censé atteint par l'injure. C'est l'homme libre ou le véritable maître de l'esclave qui aura l'*actio injuriarum*, à moins toutefois que l'injure n'ait été adressée *in contumeliam* de celui qui le possède. (Instit. § 6 de Inj.)

L'action *injuriarum* est donnée non-seulement contre l'auteur de l'injure, mais encore contre l'instigateur du délit.

§ 2.

Esclave considéré comme personne susceptible d'être instituée.

Nous examinerons cinq cas dans ce paragraphe.

Premier cas. — *L'esclave est institué par son maître.* — L'esclave est alors *heres necessarius*, ainsi appelé *quia sive velit, sive nolit, omnimodo post mortem testatoris protìnus liber et heres est.* — *Liber et heres est*, dit Justinien. Nous savons en effet que, sous Justinien, l'institution implique l'affranchissement. Le testateur devra être *dominus ex jure Quiritium* de l'esclave qu'il institue lors de la confection de son testament et lors de sa mort ; mais, dans l'intervalle compris entre ces deux époques, l'esclave pourra avoir été sous la puissance d'un autre maître.

Plusieurs cas peuvent se présenter. Si le testateur a donné la liberté entre-vifs à l'esclave qu'il avait institué, l'institution subsiste, mais l'esclave ne sera plus héritier nécessaire : il sera libre de faire ou de ne pas faire adition. Si le testateur, au lieu d'affranchir son esclave, l'a aliéné, l'institution subsiste encore, mais comme institution de *servus alienus*. L'esclave ne sera pas héritier nécessaire ; il fera adition sur l'ordre de son nouveau maître auquel il acquerra l'hérédité.

Le maître peut affranchir et instituer son esclave sans condition. S'il l'affranchit sans condition et l'institue purement et simplement, cette condition affectera l'institution même, et on attendra qu'elle soit accomplie ou défaillie pour déférer l'hérédité. Mais il y a toutefois une différence entre le cas où la condition est apposée expressément à l'institution et à l'affranchissement, et le cas où elle n'est apposée qu'à l'affranchissement. Dans le premier cas, si l'esclave est aliéné ou affranchi entre-vifs, l'institution demeure conditionnelle ; dans le second, elle demeure pure et simple, l'affranchissement testamentaire se trouvant révoqué, avec la condition de laquelle il dépendait, par l'aliénation ou l'affranchissement entre-vifs.

Si le testateur affranchit son esclave purement et simplement et l'institue sans condition, Pomponius et Julien nous disent (L. 21 et L. 22, D. *De hered. instit.*) que l'esclave n'aura ni la liberté, ni l'hérédité tant que la condition sera pendante ; qu'il sera *liber heresque* si elle se réalise ; qu'il aura la liberté sans l'hérédité si elle ne s'accomplit pas.

Revenons au cas où l'esclave est *heres necessarius*, c'est-à-dire au cas où l'esclave institué appartient au testateur lors de son décès, ou se trouve *in hereditate* lors de l'arrivée de la condition, s'il a été institué conditionnellement.

En général, le maître instituait son esclave *primo aut secundo aut etiam ulteriore gradu* lorsque, se sentant insolvable, il craignait qu'il ne se trouvât pas d'héritiers pour accepter sa succession et que ses biens, insuffisants pour payer ses créanciers, ne fussent partagés entre ceux-ci ou vendus. En instituant son esclave, il obtenait ce résultat que ses biens étaient vendus sous le nom de cet héritier, non sous le sien, et que l'ignominie qui résultait de la *bonorum vinditio* atteignait cet héritier et non sa propre mémoire. Gaïus nous dit bien que, d'après Sabinus, l'héritier nécessaire ne devait pas encourir l'ignominie *quia non suo vitio sed necessitate juris bonorum venditionem pateretur.* Si les biens étaient vendus, il est vrai que ce n'était pas par la faute de l'héritier nécessaire ; celui-ci subissait cette vente, par un effet rigoureux du droit, vente rendue nécessaire par la dissipation de son maître. Mais Gaïus ajoute que l'opinion de Sabinus, conforme à l'équité, n'avait pas prévalu. Sous Justinien, la *bonorum venditio* n'existe plus ; elle avait même déjà disparu avec la procédure formulaire *cum ordinariis judiciis ;* elle fut remplacée par la *distractio bonorum*, c'est-à-dire par la vente non du patrimoine en bloc, mais de tels ou tels objets déterminés. La *distractio bonorum* était même pratiquée à l'époque des jurisconsultes, par exception, quand, le défunt étant une personne illustre, on voulait lui épargner l'infamie de la *bonorum venditio*.

Le droit civil avait donc fait à l'esclave, héritier nécessaire, une position très-rigoureuse. Mais le préteur vint à son secours en lui accordant *le bénéfice de séparation*. En vertu de ce bénéfice, les biens acquis par l'héritier nécessaire depuis la mort de son maître, avant ou après la *venditio bonorum*, étaient à l'abri des poursuites des créanciers. Ces biens lui restaient ; ils ne pouvaient être vendus lors même que les biens du défunt n'auraient pas suffi pour désintéresser entièrement les créanciers. Ce bénéfice était une dérogation au droit commun ; et en effet, quand les biens d'un débiteur ne suffisent pas pour payer intégralement ses créanciers, ceux-ci pourront plus tard, en principe, se faire payer ce qui leur reste dû sur les biens que ce débiteur acquerra.

Ce bénéfice de séparation s'applique aux biens que l'esclave a gagnés depuis la mort de son maître par son travail, son industrie, des libéralités. Il ne s'applique pas aux biens acquis *ex causa hereditaria*. Ainsi, le testateur avait deux esclaves : l'un a été affranchi dans des conditions telles qu'il est devenu latin : l'autre est héritier nécessaire. Si l'affranchi latin vient à mourir, ses biens *tanquam peculium ad heredem patroni pertinent*, ils reviennent à l'héritier nécessaire. Mais celui-ci ne pourra pas invoquer, quant à eux, le bénéfice de séparation, car il les tient indirectement de son maître, il les a recueillis *jure peculii*.

Ulpien nous dit que l'héritier nécessaire *impetrare potest separationem scilicet ut, si non attigerit bona patroni, in ea causa sit ut ei quidquid postea adquisierit separetur sed et si quid ei a testatore debetur*. Ulpien suppose que le testateur devait quelque chose à l'esclave ; par exemple : un tiers a institué le maître pour héritier et l'a grevé d'un legs au profit de l'esclave, sous la condition *si liber factus fuerit*. L'esclave devenu libre pourra distraire à son profit l'objet légué, si le legs a été fait *per vindicationem*, ou concourir avec les créanciers du défunt sur le prix de la *bonorum venditio* si le legs a été fait *per damnationem.*

Un esclave peut être l'*heres necessarius* d'une personne à laquelle il n'a jamais appartenu. Ainsi, un *paterfamilias* a sous sa puissance un enfant impubère; il prévoit le cas où cet enfant, devenu *sui juris* par sa mort, mourrait encore impubère, et par conséquent incapable de tester; il fait pour ce cas le testament de cet enfant. Il dit: *Titius filius meus heres mihi esto. Si prius moriatur quam in suam tutelam venerit, tunc Stichus heres esto.* Stichus qui aurait été héritier nécessaire du père sera héritier nécessaire du fils impubère.

Deuxième cas. — *Le testateur institue un esclave dont il a la nue propriété.*

Anciennement, il ne pouvait pas le rendre libre pendant la durée de l'usufruit. L'institution était nulle à moins qu'elle ne fût faite sous condition. Sous Justinien, cet esclave peut être valablement institué par le nu propriétaire *salvo jure fructuarii.* Il sera son *heres necessarius.*

Troisième cas. — *Le testateur institue un esclave dont il est co-propriétaire par indivis.* — Dans l'ancien droit, s'il l'avait institué *cum libertate*, l'esclave ne devenait pas libre; il appartenait exclusivement au co-propriétaire, lequel profitait ainsi de la manumissio, *jure adcrescendi*, et acquérait l'hérédité. S'il l'a institué *sine libertate* et seul, le co-propriétaire acquiert également la totalité de l'esclave et de l'hérédité. Enfin, s'il l'a institué *sine libertate, avec un autre*, le co-propriétaire n'aura qu'une part de l'esclave et de l'hérédité.

Dans le droit de Justinien, si l'esclave commun a été institué *cum libertate*, on suppose que le testateur a d'abord acheté la part qui lui manquait dans l'esclave et qu'il a pu l'affranchir complètement, de telle sorte que cet esclave devient libre et héritier nécessaire. Justinien établissait un tarif d'après lequel on fixait le prix que le testateur aurait à payer à son co-propriétaire. Si l'esclave commun était institué *sine libertate*, le résultat serait le même, l'institution impliquant l'affranchissement.

Quatrième cas. — *Le testateur institue un* SERVUS ALIENUS. — Il doit avoir le *testamenti factio* avec le maître de l'esclave. Ce maître acquérait l'hérédité en donnant à l'esclave le *jussus adeundi.* Si le testateur devient, avant de mourir, propriétaire de ce *servus alienus*, l'institution s'évanouit. En effet, l'esclave n'a plus de maître *ex persona cujus institutio consistere possit;* il ne peut pas non plus être héritier nécessaire, puisqu'il n'appartenait pas au testateur *testamenti facti tempore.*

Cinquième cas. — *Le testateur institue un* SERVUS ALIENUS *dont un tiers est usufruitier.* — Cet esclave fera adition, sur l'ordre de son maître, le nu-propriétaire, et lui acquerra l'hérédité, à moins toutefois qu'il n'ait été institué *contemplatione fructuarii ;* dans ce cas, le testateur devra avoir la *factio testamenti* avec l'usufruitier, lequel donnera le *jussus adeundi* et acquerra l'hérédité.

Le *servus hereditarius* peut être institué par celui qui avait la *testamenti factio* avec son maître : *nondùm enim adita hereditas personæ vicem sustinet non heredis futuri sed defuncti.* Si donc une personne est morte laissant son hérédité à un enfant conçu, je pourrai instituer un esclave compris dans cette hérédité, quoique je n'aie pas la *testamenti factio* avec cet enfant qui est pour moi un *postumus alienus*, parce que l'esclave est considéré comme appartenant encore au défunt, non à l'héritier futur.

§ 3.

Esclave légataire.

Nous considérerons l'esclave, soit comme objet, soit comme sujet du legs.

I. *Comme objet du legs* — Les Institutes citent le cas où un esclave a été légué avec son pécule. L'esclave mort, affranchi ou aliéné, elles décident que *et peculii legatum extinguitur*, en vertu du principe : *quæ accessorium locum obtinent extinguuntur cùm principales res peremptæ fuerint* (Gaïus). Toutefois, la décision des Institutes est trop absolue dans le cas qui nous occupe, et il faut distinguer selon que l'esclave a péri du vivant du testateur ou après sa mort. — A-t-il péri du vivant du testateur ? *Inutile legatum peculii fit*. Nous sommes dans le principe posé par Gaïus. — A-t-il péri après la mort du testateur ? *peculium legato cedet*. Le principe posé par Gaïus ne saurait s'appliquer ici, et cela parce que *dies legati cessit* précisément à la mort du testateur. La conséquence de ce fait que *dies legati cessit* c'est que, dès ce moment, le légataire a sur le legs un droit transmissible à ses héritiers, et que ce droit porte sur chacun des objets compris dans le legs, en sorte que, les uns périssant, les autres lui restent dûs.

Si maintenant nous supposons un esclave *ordinarius* légué *cum suis vicariis*, le résultat sera complétement différent. Nous n'aurons plus le legs d'une chose et de ses accessoires, mais le legs de plusieurs choses distinctes ; et si l'esclave *ordinarius* est mort ou a été aliéné ou affranchi, même du vivant du testateur, le legs des esclaves *vicarii* n'en sera pas moins dû.

II. *Comme sujet du legs*. — Dans ce cas, le maître peut avoir fait un legs à l'esclave : 1° en l'affranchissant ; 2° en le léguant lui-même à un tiers.

Remarquons d'abord que ce n'est plus à la mort du testateur que *dies legati cedit* ; mais, dans ce cas, *dies legati cedit ab adita hereditate*. On l'a décidé ainsi ; car, sans cela, le legs aurait été nul puisqu'il aurait été acquis à l'hérédité. Le légataire, en effet, c'est l'esclave qui fait partie de l'hérédité, laquelle est considérée, en droit, comme appartenant toujours au défunt jusqu'à l'adition de l'hérédité.

1° *Le maître lègue le pécule à l'esclave quil affranchit*. Lorsque le maître affranchit son esclave par testament , il doit lui léguer expressément son pécule, si telle est son intention ; car l'affranchissement testamentaire n'implique pas, comme l'affranchissement entre vifs, l'abandon du pécule à l'esclave, par cela seul que le pécule ne lui est pas retiré formellement. Si son pécule lui a été légué expressément, *quidquid peculio accedit vel decedit vivo testatore legatarii lucro vel damno est.* Il en est de même des choses dont le pécule s'est augmenté ou diminué après la mort du testateur et *ante aditam hereditatem*, parce que, comme nous l'avons dit, *dies hujus legati cedit ab adita hereditate.* Enfin, d'après un rescrit des empereurs Sévère et Antonin, ce legs du pécule fait à l'esclave affranchi, ne saurait l'autoriser à exiger de l'héritier le remboursement des valeurs prises autrefois dans le pécule et dépensées dans l'intérêt du maître, *in rationes dominicas.*

2° *Le maître lègue le pécule à l'esclave; mais il lègue l'esclave à un tiers.* Ici, l'esclave est à la fois sujet et objet du legs; mais nous avons compris ce cas sous ce numéro plutôt que sous le numéro précédent, parce qu'ici l'esclave, avant d'être l'objet du legs en est le sujet; parce que c'est ce caractère qui prédomine et qui a pour effet de placer le *dies cedens* non à l'époque de la mort du testateur, mais à celle de l'adition de l'hérédité. — Nous dirons, comme dans le premier cas, que l'esclave souffrira des diminutions survenues au pécule, parce que toute chose qui périt sans le fait de l'héritier périt pour le légataire, et qu'il profitera de toutes les augmentations survenues soit *ex rebus ipsis peculiaribus* soit *aliunde* jusqu'à l'adition de l'hérédité.

L'esclave peut recevoir un legs d'une personne étrangère; et dans ce cas, un legs qui serait inutile s'il était fait directement à son maître, pourra se trouver valable. On sait, en effet, que le legs fait à une personne d'une chose qui lui appartient est nul (car comment l'héritier pourrait-il transférer la propriété à celui qui l'a déjà? — conformément à la règle Catonienne formulée de la manière suivante par le jurisconsulte Celsus : *Quod, si testamenti facti tempore decessisset testator inutile foret, id legatum, quandocumque decesserit, non valere.* Mais si un pareil legs est fait à l'esclave du maître propriétaire de la chose léguée, si le fonds Cornélien est légué non à Titius qui en est propriétaire, mais à l'esclave de Titius, le legs sera valable, et

Paul (L. 82 § D. de Leg.) explique ainsi ce résultat : *Cum servo alieno aliquid in testamento damus , domini persona ad hoc tantum inspicitur ut sit cum eo testamenti factio ; cæterum ex persona servi constitit legatum.* Et alors, quel sera l'effet du legs ? L'héritier donnera au maître l'estimation du fonds Cornélien. Il ne peut pas lui dire en effet : « Vendez-moi votre fonds Cornélien moyennant tel prix que voici » et lui rendre immédiatement après ce fonds, en le remettant à son esclave , en exécution du legs.

Puis-je faire un legs à l'esclave de celui que j'institue héritier ? Les jurisconsultes étaient divisés. Il y avait , sur cette question , trois opinions :

Servius admettait que le legs était valable pour le moment , mais qu'il devait s'évanouir *si quo tempore dies cedere solet* le légataire était sous la puissance de l'institué. — Cette opinion est contraire à la règle Catonienne ; car, si nous supposons que le testateur meure *testamenti facti tempore* , *dies legati cedit morte testatoris* , et le légataire étant à cette époque esclave de l'institué , le legs ne peut pas recevoir d'exécution, puisque celui qui doit fournir ce legs et en recueillir le bénéfice se trouve être la même personne.

Les Proculiens déclaraient le legs nul dans le principe *quia eis quos in potestate habemus neque sub conditione neque pure debere possumus.* Mais on peut objecter qu'il n'existe encore aucune dette de l'institué vis-à-vis du légataire , que la dette ne prendra naissance qu'à l'époque du *dies cedens,* et qu'à ce moment le legs pourra être susceptible d'exécution si le légataire n'est plus sous la puissance de l'institué.

Enfin , d'après les Sabiniens dont l'opinion nous paraît préférable , ce legs sera nul s'il est pur et simple , par application de la règle Catonienne. Il sera valable, s'il est conditionnel, car la règle Catonienne ne s'applique pas au legs conditionnel, car jusqu'à l'arrivée de la condition il n'y a pas encore dette de l'institué vis-à-vis du légataire, mais seulement *spes debitum iri,* car enfin , à l'arrivée de la condition, lors du *dies cedens,* le légataire pourra ne plus se trouver sous la puissance de l'institué.

Il est évident que s'il y avait plusieurs institués, le testateur pourrait faire un legs à l'esclave de l'un d'eux; il serait exécuté par les institués auxquels l'esclave n'appartient pas.

Si on suppose, au contraire, que c'est l'esclave qui est institué héritier, et que le legs a été fait à son maître, le legs sera valable quoique pur et simple, car dans ce cas, avant de faire adition par l'ordre de son maître, l'esclave pourra ne plus appartenir au même maître, ou avoir été affranchi, et alors le legs recevra son exécution. Mais si l'esclave reste sous la puissance du légataire et fait adition par son ordre, *evanescit legatum.*

On peut léguer à un esclave une servitude prédiale, mais il doit avoir dans son pécule le fonds destiné à devenir fonds dominant. Ici, on considère la personnalité de l'esclave lui-même, et son pécule comme formant un patrimoine qui lui est propre : *Servitus servo prædium habenti recte legatur.* (Marcianus, L. 17, § 1, D. de Leg.)

On peut faire un legs à l'esclave compris dans une hérédité jacente; il suffit que le testateur eût la *factio testamenti* avec son maître. Supposons que Titius lègue un droit d'usufruit à Stichus qui est un *servus hereditarius. Dies hujus legati cedit ab adita Titii hereditate,* et si à cette époque l'hérédité jacente dont Stichus fait partie est acceptée, le nouveau maître de Stichus acquerra ce droit d'usufruit. — Mais que décider si elle n'est pas encore acceptée? Les jurisconsultes romains admettaient favorablement que le legs devait être maintenu, et ils reculaient le *dies cedens* jusqu'au moment où l'hérédité dans laquelle Stichus était compris se trouvait acceptée, c'est-à-dire jusqu'au moment où Stichus avait un maître capable d'acquérir le droit d'usufruit. Ainsi *dies ususfructus non prius cedet quam adeatur hereditas. Tunc enim constituitur ususfructus cum quis jam frui potest. Hac ratione si servo hereditario ususfructus legetur, quamvis cætera legata hereditati adquirantur, in usufructu tamen personam domini expectari qui uti et frui possit.* (Ulpien, § 2, L. 1 quando dies ususf.)

§ 4.

Esclave stipulant.

L'esclave, par lui-même, *ex persona sua*, est incapable de stipuler ; il ne le peut qu'en empruntant la capacité de son maître ; *Servus ex persona domini jus stipulandi habet*. Ainsi la stipulation que ferait un esclave *sine domino*, le *servus a domino derelictus*, serait nulle. En effet *qui pro derelicto rem habet omni modo a se rejecit, nec potest ejus operibus uti quem ex jure ad se pertinere noluit. Quod si ab alio adprehensus est, stipulatione ei adquirere poterit.* (Javolenus L. 36 De stip. serv.)

En sens inverse, quand un esclave stipule, c'est comme si son maître avait lui-même stipulé. Nous signalerons les conséquences suivantes qui déroulent de ce principe :

1° L'esclave d'un pérégrin ne pourrait pas stipuler dans la forme *spondesne*, car son maître, pérégrin, ne le pourrait pas lui-même. On sait en effet que la forme *Davi spondes?* — *spondeo* — est propre aux citoyens Romains, tandis que les autres sont du droit des gens et valent, par suite, *inter omnes hómines.*

2° Un esclave ne peut stipuler purement et simplement la chose de son maître, car personne ne peut stipuler, si ce n'est conditionnellement, qu'on lui transférera une propriété qu'on a déjà. Nous avons vu, au contraire, qu'on peut léguer à un esclave la chose de son maître, car alors *ex persona servi constitit legatum;* on considère la personnalité de l'esclave, tandis qu'en matière de stipulation, cette personnalité s'efface pour faire place à celle du maître que l'on considère seule.

3° Un esclave peut stipuler valablement une servitude prédiale, mais il faut que son maître soit propriétaire d'un fonds susceptible de devenir fonds dominant, car le maître lui-même ne pourrait stipuler cette servitude que dans ce cas. Il n'est pas ici nécessaire que l'esclave ait un pécule. Nous avons vu au contraire qu'il faut, pour qu'une servitude prédiale puisse être léguée à un esclave, que celui-ci ait dans son pécule le fonds destiné à devenir fonds dominant. *Servo via inutiliter legatur; stipulatur autem eam utiliter si dominus fundum habeat* (Paul) et ce texte suppose que l'esclave n'a pas un fonds dans son pécule comme l'indique le texte suivant emprunté à Marclanus, que nous avons cité plus haut : *servitus servo prædium habente recte legatur.*

4° L'esclave peut stipuler *post mortem suam* mais non *post mortem domini.* C'est qu'il ne peut stipuler que de la même manière et avec les mêmes modalités que son maître lui-même; et dans l'ancien droit, son maître ne pouvait pas stipuler *post mortem suam* mais bien *post mortem alterius.* — On avait admis à Rome qu'un citoyen ne pouvait pas stipuler de manière à faire acquérir à un tiers l'action *ex stipulatu*, et on en avait conclu qu'il ne pouvait pas non plus stipuler *post mortem suam dari sibi.* L'obligation ne devenant exigible qu'après la mort du stipulant, le droit aurait commencé dans la personne de l'héritier, ce qui eût été contraire aux principes ; l'héritier, en effet, cesserait d'être l'héritier du stipulant et ne serait plus pour lui qu'un tiers, si le stipulant voulait, par son contrat, faire naître au profit de son héritier une obligation qui n'aurait jamais existé dans sa propre personne. — Par la même raison, l'esclave ne peut pas stipuler *pridie quam morietur dominus* ; mais il peut stipuler *pridie quam ipse morietur;* car le maître ne peut pas stipuler une chose pour la ve lle de sa mort. En effet, cette stipulation *non aliter potest intelligi quam si mors secuta sit; rursus morte secuta, im præteritum reducitur stipulatio et quodam modo talis est: heredi meo dari spondes?* (Gaïus). Cette stipulation a quelque chose de prépostère.

La stipulation dont l'exécution est reportée à l'instant de la mort du stipulant est valable, car l'obligation aura commencé d'exister du vivant du stipulant. L'esclave peut donc stipuler *cum morieris.*

Mais Justinien déclara que la stipulation *post mortem stipulatoris* ou *pridie quam moriar* serait valable, et abrogea la règle d'après laquelle *ab heredibus vel contra heredes actiones incipere non possunt ne propter nimiam subtilitatem verborum latitudo voluntatis contrahentium impediatur.* L'esclave pourra donc stipuler indifféremment *post mortem suam* ou *post mortem domini, pridie quam ipse morietur* ou *pridie quam morietur dominus.*

A la différence de ce qui avait lieu pour les stipulations, avant Justinien, un legs pouvait être fait à l'esclave *post mortem domini,* mais non *post mortem ejus,* parce qu'ici c'est sa personne que l'on considère avant tout.

L'esclave peut stipuler sous condition. Dans ce cas, s'il a changé de maître, ou s'il a été affranchi depuis la stipulation, le droit qui en résultera appartiendra au maître dans la puissance duquel il se trouvait lors de la stipulation, si la condition se réalise. En effet, la condition une fois accomplie a un effet rétroactif.

La stipulation sera nulle si l'esclave stipule sous une condition impossible, sans qu'il y ait à distinguer s'il s'agit d'une impossibilité matérielle *(si digito cœlum attigero)* ou juridique (condition d'aliéner un temple). La stipulation restera nulle lors même que la condition, d'abord impossible, serait ensuite devenue possible.

La condition impossible ne produit pas le même effet quand elle est apposée à un legs. Dans ce cas, la condition est réputée non écrite, et le legs est valable comme legs pur et simple. Ceci avait été d'ailleurs fort discuté à l'époque des jurisconsultes. Les Proculiens assimilaient le legs à la stipulation et déclaraient que la condition impossible rendait le legs nul comme la stipulation. Les Sabiniens soutenaient l'opinion contraire qui finit par prévaloir. Ils s'appuyaient sur ce que le testateur, écrivant ses dispositions sans le concours du légataire, celui-ci ne devait pas être responsable de la mauvaise pensée qu'avait eue le testateur en apposant au legs la condition impossible ou illicite ; sur ce que la volonté d'un mourant doit être sacrée ; enfin sur ce que le testateur s'était peut-être mal exprimé en formulant la condition à laquelle il avait pu ne pas attacher le sens et la portée qu'elle paraissait avoir.

La stipulation de l'esclave, faite sous la condition qu'une chose impossible ne sera pas faite, est valable ; elle est pure et simple.

La stipulation de l'esclave pourra être nulle pour des motifs qui tiendront à l'objet de la stipulation. Ainsi, il ne pourra pas stipuler valablement une chose qui n'existe plus ; mais il pourra stipuler une chose future, et alors il acquerra à son maître une *actio incerti*. La stipulation sera nulle *si rem sacram vel religiosam quam humani juris esse credebat , vel publicam , vel liberum hominem quem servum credebat vel cujus commercium dominus non habuerit stipuletur*. Elle restera nulle lors même que, dans ces derniers cas, l'impossibilité juridique cesserait. Ainsi, l'esclave d'un citoyen romain qui exerce une fonction *in provincia*, ne pourrait pas stipuler un immeuble dans cette province. Cette stipulation, pas plus que les autres dont la nullité est absolue et tient à la nature même de l'objet, ne recevra d'effet, lors même qu'elle serait faite sous condition : *si liber homo servus factus fuerit , si res publica esse desierit*, etc. Nulle, en principe, elle restera nulle.

La stipulation valable dans le principe pourra devenir nulle. L'esclave, par exemple, a stipulé une chose qui était dans le commerce, et sans le fait du promettant cette chose a cessé d'être dans le commerce; le maître n'aura pas d'action contre le promettant. Mais si l'impossibilité était survenue *facto promissoris*, celui-ci resterait tenu et devrait indemniser le maître de l'esclave.

C'est le maître qui profite toujours de la stipulation. Il en profite lors même qu'il ne le voudrait pas, *ignorans et etiam invitus*. C'est ainsi que l'esclave grevé d'un droit d'usufruit fera une stipulation nulle s'il stipule *ex re domini* pour l'usufruitier, valable s'il stipule pour son maître *ex re fructuarii* (Neratius L. 22 De stip. serv.). Il acquerra également à son maître s'il stipule sur l'ordre de l'usufruitier ou de celui qui le possède de bonne foi *ex quibus causis non solet iis adquiri*.

Le maître profite de la stipulation de quelque manière que l'esclave ait stipulé, *sive domino , sive sibi , sive conservo suo, sive impersonaliter.* Mais si l'esclave stipulait nominativement pour un *extraneus*, la stipulation serait nulle. *Si quis alii quam cujus juri subjectus sit stipuletur nihil agit.*

C'est le maître qui a l'action *ex stipulatu*, et, d'une manière plus générale, quant l'esclave acquiert en contractant par voie de stipulation ou autrement un droit réel ou un droit de créance, il l'acquiert toujours à son maître, lequel peut seul poursuivre, par l'action née du contrat, le bénéfice qui résulte pour lui de ce droit réel ou personnel. L'esclave, en effet, ne peut pas *stare in judicio*, et de même qu'il ne peut pas actionner ceux qui ont contracté avec lui, il ne peut pas non plus être l'objet d'une action de la part de ceux vis-à-vis desquels il est obligé. Nous reviendrons tout à l'heure sur ce point.

Exceptionnellement, et dans des cas déterminés, l'esclave peut se pourvoir en justice contre le maître. Il le peut, par exemple, s'il accuse son maître d'avoir détruit un testament dans lequel on lui avait laissé la liberté ; il peut encore, en vertu de la loi *Julia de annona* l'accuser d'avoir essayé d'amener la disette des vivres (particulièrement du blé) ; il peut, si la liberté lui a été donnée sous la condition *si rationes reddiderit*, demander contre son maître la nomination d'un arbitre qui recevra ses comptes et les examinera. De même, si un maître est convenu avec son esclave qu'il l'affranchira moyennant une somme d'argent, et la convention faite, s'il ne l'affranchit pas, l'esclave peut s'adresser à la justice. (Hermogénien, L. 53, liv. 5, titre I.)

Le servus hereditarius peut stipuler comme tout esclave appartenant à un maître, car l'hérédité jacente à laquelle il appartient était regardée comme une personne tenant la place du défunt.

Il ne faut pas confondre le *servus hereditarius* avec le *servus derelictus*; il y a entre eux une grande différence, car *alter hereditatis jure retinetur, nec potest relictus videri qui universo hereditatis jure continetur : alter voluntate domini derelictus non potest videri ad usum ejus pertinere a quo derelictus est.* (Javolenus, L. 36, de stip. serv.)

Par sa stipulation, le *servus hereditarius* acquiert à l'hérédité et par cela même à l'héritier futur. Cette stipulation est valable quant à présent, mais elle pourra devenir nulle. C'est ce qui arrivera si la succession reste abandonnée, s'il ne se présente aucun héritier qui fasse adition. Alors, la fiction que l'hérédité jacente représente le défunt s'évanouira, et la stipulation sera nulle comme faite par un esclave sans maître.

A côté de la fiction *hereditas personæ defuncti vicem sustinet*, une autre fiction avait été admise par d'autres jurisconsultes qui disaient : *heres quandocumque adeundo hereditatem jam tunc a morte successisse defuncto intelligitur*, (Florentinus, L. 54. D. De adq. vel amit. heret). Cette seconde fiction prit naissance à propos de la question suivante qui fut agitée entre les jurisconsultes : *An heredi futuro servus stipulari possit?* Si on s'en tient à la première fiction, il faut répondre négativement; mais quelques jurisconsultes, trouvant cette solution trop rigoureuse, firent remarquer que l'adition doit avoir un effet rétroactif au jour de la mort du *de cujus*, et introduisirent la deuxième fiction. C'est pourquoi Modestin peut dire : *servus hereditarius et heredi futuro* ET HEREDITATI *recte stipulatur*, (L. 35 D. De stip. serv.)—Ajoutons toutefois que cette deuxième fiction est l'exception, et le principe est, comme le disent les Institutes, que l'hérédité jacente continue la personne du défunt.

Le *servus hereditarius* pourra donc stipuler d'une manière générale, mais il ne pourra pas stipuler pour son maître défunt. Il ne pourra pas non plus stipuler un droit d'usufruit ou d'usage, car *ususfructus sine persona esse non potest*. Le *servus hereditarius* ne peut pas stipuler un droit d'usufruit, et cependant un tel droit peut lui être légué. Cela vient de ce que, quand un legs d'usufruit lui est fait, *dies ejus legati non cedit statim*. Au contraire quand il stipule un usufruit, *stipulatio pura suspendi non potest*. La stipulation d'un droit d'usufruit sera nulle lors même qu'elle serait conditionnelle, car *ex præsenti vires accipit stipulatio quamvis petitio ex ea suspensa sit*.

Examinons le cas où l'esclave a stipulé un fait. Ainsi, il a

stipulé le droit de passer sur le fonds de Titius. Titius peut
s'opposer à ce que le maître passe sur son fonds, car son obligation consiste seulement à laisser passer l'esclave. C'est seulement au cas où il s'opposerait au passage de l'esclave que le
maître pourrait le poursuivre et le faire condamner, à raison de
l'intérêt qu'il peut avoir à ce que son esclave passe. C'est le
maître qui recueille le bénéfice, résultat final de la stipulation ;
mais quant à l'exécution matérielle de la stipulation, elle appartient à l'esclave. De même, si l'esclave a stipulé *illud aut
illud, quod voluerit, hæc electio personalis est* (Paul) et le
choix appartient à l'esclave lui-même, non au maître. Mais
le choix une fois fait, le maître en recueillera le bénéfice.

Le mot *habere* peut signifier *être propriétaire* ou *avoir la
détention d'une chose.* Un esclave peut-il stipuler *sibi habere
licere ?* Les jurisconsultes étaient divisés sur ce point. Suivant
les uns, cette stipulation est nulle, *non enim factum sed jus
in hac stipulatione vertitur* (Julien). Suivant les autres, elle
est valable, car *licet juris verba contineat, tamen sic est acci-
prienda ut in servo videatur actum esse de possessione reti-
nenda aut non auferenda* (Ulpien).

Un esclave peut appartenir à plusieurs maîtres. Qui profitera
de la stipulation de cet esclave ? Chacun de ses maîtres *pro-
portione dominii*, chacun proportionnellement à la part indivise
qu'il a dans la propriété de l'esclave. Il en est ainsi, lors même
que l'esclave aurait stipulé en fournissant une valeur appartenant à l'un seulement de ses maîtres *(ex re unius domini)* ; ce
dernier aura un recours contre ses co-propriétaires : *Is cujus
ex re facta est stipulatio cum socio communi dividundo aut
societatis judicio de parte recuperanda recte aget* (Gaïus L.
28, § 51. D. de stip. serv.)

Telle est la règle ; elle a des exceptions :

1° Si l'esclave stipule nominativement pour un seul ou sur
l'ordre d'un seul de ses maîtres, la créance est acquise seulement à ce maître. Toutefois, avant Justinien, il y avait désac-
cord parmi les jurisconsultes, sur l'effet de la stipulation faite
par l'esclave *sur l'ordre d'un de ses maîtres.* Les Sabiniens

admettaient que la créance était acquise au maître seul qui avait donné l'ordre. Les Proculiens, au contraire, que la créance était acquise aux différents maîtres *proinde ac si nullius jussum intervenisset.*

2° Si l'esclave stipule : *Dominis meis dare spondes ?* il acquiert à chacun de ses maîtres en proportion de la part indivise pour laquelle ils sont ses maîtres. S'il stipule : *Titio et Seio dare spondes ?* Titius et Seius étant ses maîtres, il leur acquiert à chacun pour une part virile. Enfin, s'il stipule : *Titio et Seio dominis meis dare spondes*, on peut être indécis sur le point de savoir si la créance a été acquise aux maîtres *pro virilibus partibus* ou bien *pro parte qua domini sint.* Mais il est plus naturel d'admettre qu'elle leur est acquise *pro virili parte*, parce que l'esclave a commencé par nommer ses maîtres, et parce que c'est seulement pour les bien qualifier qu'il a fait suivre leurs noms de leur qualité de *domini* (Pomponius, L. 37. D. de stip. serv.)

3° Quand la chose stipulée ne peut pas être acquise à l'un des maîtres, la stipulation profite exclusivement à l'autre. Nous pouvons, comme application de ce cas, citer une décision bien subtile de Papinien. Il suppose (L. 18 pr. D. de stip. serv.) un esclave commun à Mœvius et à un pécule castrens. L'esclave stipule après la mort du fils de famille militaire, avant que l'héritier institué n'ait fait adition. Mœvius obtiendra tout le bénéfice de la stipulation, car une hérédité qui n'existe pas encore *partem non facit.* Le fils de famille peut tester sur son pécule castrens, mais il n'y a pas à parler de ce privilége ; il n'y a pas véritablement une hérédité tant que le testament n'a pas été confirmé par l'adition de l'institué. Cependant, Papinien admet que, lorsque l'esclave appartient seul au pécule, la stipulation qu'il fait avant l'adition peut profiter à l'institué : *scriptis heredibus deliberantibus quod servus interim stipulatus est..., quod ad scriptos heredes attinet, in suspenso esse stipulatio intelligitur ut enim hereditarius fuisse credatur post aditam hereditatem* (L. 14, § 1, D. de castrens péc). Ici donc, Papinien considère bien le pécule du fils de famille comme consti-

tuant dès à présent une hérédité, à cause de l'adition qui aura
lieu plus tard.

Si le *servus communis* stipule d'un tiers pour un de ses maîtres la partie de lui-même qui appartient à l'autre, la stipulation
profite à celui qui n'est pas *dominus promissœ partis*. S'il
stipulait *eam partem sibi dari*, la stipulation serait nulle. L'obligation ne saurait naître au profit de celui qui est *pro parte* l'objet de l'obligation.

Si le *servus communis* stipule *sibi et uni ex dominis*, le
résultat sera le même que s'il avait stipulé *omnibus dominis et
uni ex his, veluti Titio et Mœvio et Titio*. Titius aura les trois
quarts, et Mœvius le quart (Ulpien, L. 4, D. de stip. serv.). Si
l'esclave stipule *illi aut illi dominis suis*, ou bien *Titio decem
aut Mœvio fundum*, la stipulation est inutile *quia incertum est
utri eorum adquisierit actionem* (Julien, L. 10, D. de stip. serv.)
Mais s'il a stipulé *decem illi dominos, eadem decem alteri dare
spondes?* la stipulation est valable, et les deux maîtres sont *duo
rei stipulandi* (Paul, L. 29, eod. tit.)

SECTION II.

DE LA CAPACITÉ DES ESCLAVES AU POINT DE VUE DES OBLIGATIONS.

Nous avons vu que l'esclave pouvait acquérir des droits réels
et personnels, et nous avons insisté particulièrement sur les
modes d'acquisition suivants : l'institution, le legs, la stipulation.
Nous avons vu que l'esclave acquérait ces droits à son maître,
qui pouvait seul exercer les actions destinées à les faire
valoir.

Nous allons maintenant considérer l'esclave comme personne
capable de s'obliger. Nous examinerons d'abord si des obligations peuvent prendre naissance entre lui et son maître, et
quelle est la nature de ces obligations. Nous examinerons
ensuite quelle est la valeur de l'obligation que l'esclave contracte
vis à vis des tiers, et enfin, dans quelle mesure les tiers peuvent
poursuivre contre le maître l'exécution de ces obligations.

§ 1.

Obligations entre le maître et l'esclave. — Leur nature.

Entre l'esclave et le maître, il ne peut pas exister d'obligation proprement dite; et si une stipulation intervient entre eux, elle sera nulle. — Toute obligation qui prendra naissance entre eux sera une obligation naturelle comme, en général, toute obligation qui se forme entre deux personnes dont l'une est soumise à la puissance de l'autre. Il en résulte que, si l'esclave commet un délit à l'encontre de son maître, ce délit ne donnera lieu à aucune action, et si l'esclave est aliéné ou affranchi, son ancien maître n'aura pas action contre le nouveau ou contre l'affranchi. De même, si un *servus alienus*, ayant commis un délit contre un étranger, tombe ensuite sous sa puissance, *intercidit actio quia in eum casum deducta sit in quo consistere non potuit*, et s'il sort plus tard de la puissance de cet étranger, celui-ci ne pourra pas agir. Telle est l'opinion des Sabiniens consacrée par Justinien. Mais, d'après les Proculiens, tant que le *servus alienus* est sous la puissance de l'étranger contre lequel il a commis un délit, *quiescit actio*; mais s'il sort de sa puissance, *actio ressuscitatur*.

Ainsi, si un esclave détourne une chose appartenant à son maître, il y a *furtum*; la chose, par conséquent, ne pourra pas être usucapée tant qu'elle ne sera pas revenue en la puissance du propriétaire, et si l'esclave a un complice, celui-ci sera tenu de l'action *furti*. Mais l'esclave lui-même échappera à cette action.

L'obligation naturelle qui aura pris naissance entre le maître et l'esclave pourra être garantie par un fidéjusseur si elle existe au profit du maître : l'esclave pourra fournir un fidéjusseur comme sûreté de cette obligation naturelle. Au contraire, dans le cas inverse où le maître s'oblige naturellement envers son esclave, la fidéjussion n'est pas possible, parce que l'esclave stipulant du fidéjusseur acquiert à son maître de telle sorte que le fidéjusseur se trouverait obligé envers le débiteur principal.

Bien que l'esclave affranchi ne puisse être, en principe, poursuivi par son ancien maître à raison d'une obligation antérieure à l'affranchissement, on finit cependant par accorder au patron une action contre l'affranchi qui refusait d'acquitter la somme par lui promise pour prix de son affranchissement. Ulpien n'admettait pas encore cette obligation civile de l'affranchi, et à son époque on ne voyait là qu'une obligation naturelle, susceptible d'être valablement cautionnée. Mais Alexandre Sévère, dans une Constitution, accorda au patron, dans ce cas, une action *in factum*. Il peut paraître étonnant qu'on ait tardé si longtemps à munir le patron d'une action; car, en somme, le fait qui doit donner naissance à cette action, — le refus de payer la somme promise, — est postérieur à l'affranchissement; l'auteur de ce fait, qui est un affranchi, un homme libre, peut être civilement obligé. L'action se rapporte sans doute à une convention conclue durant la servitude; mais, lors de cette convention, il n'est pas permis encore de prévoir que l'action pourra jamais exister; celle-ci ne prend naissance qu'après l'affranchissement, par le fait d'un homme libre.

Les délits d'un esclave envers son maître ne donnent lieu, avons-nous dit, à aucune action. En effet, le maître disposait de moyens autrement efficaces qu'une action légale pour obtenir la réparation des délits de son esclave; d'ailleurs, lorsqu'il l'affranchissait, il est probable qu'il n'avait pas à se plaindre de lui, et si l'esclave avait commis des fautes, le maître, en lui donnant la liberté, était censé lui faire grâce.

§ 2.

Obligations entre l'esclave et les tiers. — Leur nature.

L'esclave peut se trouver obligé vis-à-vis des tiers soit par ses contrats, soit par ses délits :

A. *Par ses contrats.* L'esclave qui contracte une obligation envers un étranger ne s'oblige que naturellement : *Servus quidem non solum domino suo obligari non potest, sed ne alii quidem ulli* (Instit. § 6 de inut. stip.) *Servi ex contractibus civiliter quidem non obligantur, sed naturaliter* (Ulpien L. 14 pr. D. de oblig. et action.) et Justinien déclare que cette obligation naturelle dont ils se trouvent tenus peut servir de base à la fidéjussion : *at ne illud quidem interest utrum naturalis an civilis sit obligatio cui adjiciatur fidejussor, adeo quidem ut pro servo quoque obligetur, sive extraneus sit qui fidejussorem a servo accipiat, sive ipse dominus in id quod sibi naturaliter debetur.* (Instit. § 1 de fidej.) Quelques textes paraissent dire que l'esclave n'est aucunement tenu : *cum servo nulla actio est* (L. 107 de reg. juris), mais cette contradiction n'est qu'apparente ; dans le langage usuel, on disait souvent qu'il n'y avait pas d'obligation quand la loi n'accordait pas d'action civile.

De ce que l'esclave est obligé naturellement vis-à-vis des tiers, il résulte :

1º Que cet esclave ne pourra pas être poursuivi ni condamné. Les tiers auront action contre son maître. Nous dirons ci-après, dans quels cas et dans quelle mesure. Cet esclave ne pourra pas non plus être poursuivi ni condamné s'il devient libre.

2º Que cet esclave ne pourra pas exercer la *condictio indebiti* s'il a payé.

3º Si l'esclave est obligé vis-à-vis d'un tiers, et réciproquement si ce tiers est obligé valablement et civilement vis-à-vis de lui, le tiers poursuivi par le maître de l'esclave pourra faire valoir à titre de compensation l'obligation naturelle qui existe à son profit : *Etiam quod natura debetur venit in compensationem* (Ulpien L. 6 D. de Compens.)

4º Que son obligation peut servir de base à la fidéjussion.

5º Si l'esclave s'est mis en société et s'il a été ensuite aliéné, ce sera une nouvelle société qui se formera dès cet instant, l'esclave n'étant pas *personnellement* associé, et, pour ce qui précède l'aliénation, action pourra être donnée contre le vendeur et contre l'acheteur ; pour ce qui a suivi l'aliénation, contre l'acheteur seul.

Première exception. — *Dépôt.* On admettait cependant que,

par le contrat de dépôt, l'esclave était obligé, ainsi que le prouve ce texte de Paul (L. 21 §. 1. D. depositi) *Trebatius existimat etiamsi apud servum depositum sit et manumissus rem teneat, in ipsum dandam actionem, non in dominum, licet ex cœteris causis in manumissum actio non datur.* En effet, dans ce cas, quelle raison l'affranchi invoquerait-il pour se dispenser de restituer ? Il détient la chose d'autrui ; il doit la rendre. S'il s'y refuse, il commet un vol dont il doit supporter les conséquences.

Deuxième exception. — *Mandat, gestion d'affaires.* Quand l'affranchi continue à remplir un mandat dont il s'était chargé, étant encore esclave, et que les effets en sont tellement connexes qu'il est difficile de distinguer ce qui a été fait avant l'affranchissement de ce qui a été fait depuis, l'action donnée contre lui comprendra à la fois les actes antérieurs et les actes postérieurs à cet affranchissement (L. 17. De negot. gest.)

B. — *Par ses délits.* L'esclave s'oblige civilement par ses délits envers les tiers : *Servi ex delicto quidem obligantur, et si manumittuntur obligati remanent* (Ulpien L. 14 pr. D. de oblig.) Celui qui est victime du délit a une action personnelle et un droit de suite. Tant que l'esclave coupable reste sous la puissance de son maître, c'est contre le maître que l'action existe. S'il est aliéné, l'action existera contre son nouveau maître; enfin s'il est affranchi, il sera lui-même tenu directement, car il est obligé civilement par son délit : *Si manumissus fuerit directo ipse tenetur.* (Instit. § 5 de nox. act.)

§ 3.

Dans quelle mesure les tiers peuvent-ils poursuivre contre le maître l'exécution des obligations de l'esclave ?

A. *Ces obligations sont nées de contrats faits par l'esclave.*

Nous savons que l'esclave n'est obligé que naturellement. Mais le créancier n'a-t-il pas une action contre le maître ?

En principe, il a l'action dérivant du contrat qui a été fait, par exemple l'action *venditi* si l'esclave a fait un achat.

Action quod jussu. — J'ai traité avec un esclave sur l'ordre de son maître : le préteur me donne action *in solidum* contre le maître *quia qui ita negocium gerit magis domini quam servi fidem sequitur*. Ulpien dit même que *quodam modo cum eo contrahitur qui jubet*. Mais il y a cette différence entre le cas où j'ai traité avec le maître et celui où j'ai traité avec l'esclave sur l'ordre du maître, que dans le premier cas, j'agis en vertu du *jus civile*, et dans le deuxième, en vertu du *jus prætorium*. Ainsi, si le maître devant recevoir un prêt m'ordonne de compter l'argent à son esclave, je pourrai intenter la *condictio* entre le maître lui-même, et dans ce cas, *quod jussu actio non competit*. (Paul, L. 5, D. *quod jussu*).

Le *jussus* peut d'ailleurs intervenir après le contrat sous forme de ratification : *Si ratum habuerit quis quod servus ejus gesserit quod jussu actio in eum datur* (Ulpien).

Ne peut être obligé *ex jussu* que celui qui peut s'obliger vis-à-vis des tiers en contractant lui-même directement avec eux. Si c'est un maître impubère qui a donné le *jussus, non tenetur nisi tutore auctore jusserit*.

Si c'est une femme *(domina)* qui a donné le *jussus*, elle sera obligée. On pouvait en douter parce que le Sc. Velléien défend aux femmes *obligationi alterius accedere*. Mais, dans ce cas, le Sc. ne saurait s'appliquer parce que la femme n'accède pas à une obligation étrangère, mais s'oblige elle-même, pour son propre compte, *in rem suam*.

Le *jussus* peut être révoqué avant l'obligation contractée.

Action exercitoire et institoire. Le préteur donne l'action exercitoire contre le maître qui a préposé un esclave à la conduite d'un navire, lorsqu'un tiers a traité avec l'esclave en sa qualité de *magister navis*. L'action est dite exercitoire parce qu'on appelle *exercitor* celui à qui revient le produit journalier du navire. — Le préteur donne l'action institoire contre le maître qui a préposé son esclave à un commerce lorsqu'un tiers a traité avec lui en sa qualité de préposé. On nomme *institor* celui qui est préposé à l'exploitation d'un commerce.

Les Institutes ajoutent que le préteur donne ces deux actions contre celui qui a mis à la tête d'un navire ou d'un commerce un homme libre ou l'esclave d'autrui *scilicet quia eadem æquitatis ratio etiam eo casu interveniebat.* Toutefois, si le préposé est un homme libre, le tiers pourra exercer son action soit contre lui-même, soit contre celui qui l'a préposé.

Le préteur, en accordant ces deux actions, avait bien compris les besoins du commerce et de la navigation. Si, pour chaque opération, l'esclave avait dû se faire autoriser par son maître, il eût été à chaque instant arrêté dans l'exercice de ses fonctions. Mais le préteur a supposé que, par cela même que le maître confiait à son esclave l'exploitation d'un commerce ou la direction d'un navire, il acceptait d'avance la responsabilité des actes de l'esclave, et il a décidé que le maître serait obligé par les actes que l'esclave ferait en exécution et dans la limite de son mandat. — Pareillement, chez nous, pour les mêmes motifs, le législateur a déclaré que la femme mariée autorisée par son mari à faire le commerce engagerait celui-ci vis-à-vis des tiers par ses actes relatifs à ce commerce.

Signalons deux différences entre l'action exercitoire et l'action institoire :

1° Si l'*exercitor* est lui-même esclave, le tiers qui a traité avec le *magister navis* peut intenter l'action contre le maître de l'*exercitor*, pourvu que celui-ci *voluntate domini navem exercuerit.* Celui qui traite avec un *institor* n'a l'action que contre le préposant lui-même.

2° Le *magister navis* peut se substituer un tiers dans la conduite du navire, et si je traite avec ce tiers, j'ai encore action contre l'*exercitor*, comme si j'avais traité avec le *magister* lui-même. L'action institoire suppose au contraire que j'ai traité avec l'*institor* en personne.

Il importe, en effet, aux intérêts de la navigation, que le patron, subitement empêché dans quelque pays éloigné, puisse se faire remplacer à l'insu de l'armateur. L'*institor*, au contraire, se trouve ordinairement près de son maître, et, d'ailleurs, il ne s'agit pas ici d'assurer la conservation d'un navire et de tout un équipage.

Pour qu'il y ait lieu à l'action institoire, il faut qu'il s'agisse d'un acte relatif au commerce de l'esclave. De même, les tiers ne pourront se prévaloir de l'action exercitoire qu'autant qu'ils auront traité avec le *magister navis* au sujet des opérations dont il a été chargé, opérations relatives, par exemple, aux réparations du navire, à l'entretien de l'équipage.

Action tributoire. — Si un esclave fait le commerce *sciente domino* avec des marchandises contenues dans le pécule, et si des tiers ont contracté avec lui à cette occasion, le préteur décide qu'on distribuera au marc le franc ces marchandises et ce qui en sera provenu, entre le maître qui serait lui-même créancier et les autres créanciers. Et comme c'est au maître que le préteur permet de faire cette distribution, le préteur donne une action qui s'appelle *tributoire* au créancier qui se plaindrait d'avoir reçu moins que la somme à laquelle il avait droit. (Instit., § 3, quod cum eo.)

Par cela seul que le maître a laissé sciemment l'esclave employer à des opérations de commerce tout ou partie de son pécule, il a renoncé tacitement à son privilége sur la valeur du pécule, privilége qui lui permet, avant de répondre aux autres créanciers, de prélever sur la valeur du pécule ce qui lui est dû par l'esclave.

On ne recherche pas à quel titre et pour quelle cause le maître est devenu créancier. On s'est demandé, dit Ulpien, si le maître n'a droit à une part des marchandises qu'autant qu'il lui est dû quelque chose à l'occasion de ces marchandises ou s'il y a droit dans tous les cas. Labéon décide qu'il y a droit dans tous les cas *parvique referre unte mercem an postea ei debere quid servus cœperit :* il suffit que le maître ait perdu le *privilegium deductionis.* Ces derniers mots font allusion à ce qui se passe quand le maître est poursuivi par l'action *de peculio.* Alors, en effet, il passe sur le pécule *avant* les créanciers étrangers, tandis que, dans le cas de l'action tributoire, il concourt avec eux.

Action de peculio et de in rem verso.

Quand l'esclave a fait quelque acte sans la volonté de son

maître, celui-ci est tenu jusqu'à concurrence du profit s'il en a profité ; sinon, jusqu'à concurrence du pécule.

Quand dirons-nous qu'il y a *in rem domini versum?*

Dans les cas où l'esclave a fait pour le maître une dépense nécessaire ; dans les cas où , s'il était *sui juris*, il aurait l'action contraire de mandat ou de gestion d'affaires. Il y aura, alors , *in rem domini versum* lors même que la chose aurait péri ; (Ainsi, l'esclave a acheté du blé pour nourrir les domestiques, et ce blé a été consumé par l'incendie dans le grenier où on l'avait déposé) lors même que l'esclave a dépensé en objets de luxe l'argent qu'il avait emprunté du consentement de son maître. *Spectatur enim non an bono domini cesserit quod consumptum est sed an in negotium domini.*

On peut quelquefois être indécis pour savoir si l'esclave a fait une affaire concernant le maître ou son pécule, dans le cas, par exemple , où il a payé un tiers qui était créancier à la fois du maître et du pécule. Il faut alors regarder quel était l'objet principal de cette dette, et rechercher, d'après ses caractères, si elle ne concernait pas plutôt le maître que le pécule. Ainsi, l'esclave aura fait *negotium domini* soit qu'il ait reçu du blé et en ait nourri les domestiques, soit qu'il ait reçu de l'argent d'un débiteur et l'ait employé à payer un créancier du maître, soit que lui-même ait fourni l'argent nécessaire pour acheter du blé ou des habits pour nourrir ou pour vêtir les domestiques.

Dans les cas où il y a *in rem domini versum*, le maître est tenu vis-à-vis des tiers jusqu'à concurrence du profit qu'il a fait, alors même qu'il n'y aurait rien dans le pécule. Nous avons ici une seule action *de peculio et de in rem verso* et *duas condemnationes*. Le juge examine d'abord si le maître a profité. Si le maître a profité de la totalité, le juge n'aura pas besoin d'évaluer le pécule : L'esclave a emprunté dix sous d'or, il les a employés dans l'intérêt du maître. Le créancier en obtiendra le remboursement quelle que soit la situation du pécule. Mais si le maître n'a nullement profité ou s'il n'a pas profité de la totalité, c'est alors que le juge devra évaluer le pécule : Si, sur les dix sous d'or qu'il a empruntés, l'esclave en a employé cinq dans l'intérêt du maître et dissipé cinq, le maître sera condamné dans tous les cas au remboursement de cinq, et quant aux cinq autres jusqu'à concurrence du pécule.

Ne suffit-il pas en réalité d'agir *de peculio?* Le pécule, en effet, se grossit des droits de créance que l'esclave a contre son maître, et quand il y a *in rem domini versum,* le maître est obligé envers le pécule jusqu'à concurrence du profit qui lui a été procuré. Il est nécessaire cependant d'ajouter la *condemnatio de in rem verso,* car, si l'esclave meurt ou est affranchi, le maître peut encore, au bout d'un an, être actionné *de in rem verso* mais non *de peculio.* De plus, si plusieurs créanciers agissent contre le maître en même temps, et si le pécule ne suffit pas pour les désintéresser, celui qui agit *de in rem verso* n'en souffrira pas : *uberiorem actionem habebit.* Par l'action *de in rem verso,* il obtiendra ce qui lui sera encore dû après le partage du pécule.

Ainsi, l'esclave qui a un pécule oblige par ses contrats son maître *de peculio* jusqu'à concurrence du pécule, dans le cas toutefois où l'esclave devrait se trouver lui-même obligé s'il était libre. Si un tiers a contracté avec un esclave impubère, il aura contre le maître action *de peculio* seulement *in id quod locupletius peculium factum sit.* (Ulpien, L. 1, § 4, D. de peculio). Mais le maître impubère peut être actionné *de peculio ; non enim cum ipso contrahitur ut tutoris auctoritatem spectes* (Ulpien, L. 3, § 3 de peculio).

Il y aura lieu à l'action *de peculio* alors même que l'esclave ne sera sous la puissance de personne; par exemple dans le cas où un tiers a contracté avec un *servus hereditarius* avant l'addition de l'hérédité. Si un esclave ayant été substitué vulgairement au deuxième ou au troisième degré, un tiers contracte avec lui alors que les héritiers premièrement inscrits délibèrent; et si, après la répudiation de ces derniers, il devient héritier et libre, il pourra être poursuivi *de peculio* (Ulpien, L. 3, § 1, D. de peculio).

Le maître sera tenu *de peculio* alors même qu'il aurait défendu de contracter avec son esclave. — Si l'esclave, en contractant, a outrepassé les ordres de son maître, celui-ci restera tenu *de peculio* pour ce qui aura été fait au-delà de ses ordres.

L'esclave oblige son maître même *ex causa mutui*, à la différence du fils de famille ; car, en vertu du Sc. Macédonien, toute action est refusée à celui qui a prêté de l'argent à un fils de famille.

Mais l'esclave n'obligera pas son maître *de peculio* s'il y a de sa part *intercessio* : *Si servus pro aliquo fidéjusserit vel alias intervenerit vel mandaverit, tractatum est an sit de peculio actio ? Et est verius in servo causam fidejubendi vel mandandi spectandam. Si igitur quasi intercessor servus intervenerit non rem peculiarem agens, non obligabitur dominus de peculio* (Ulpien, L. 3, § 5, D. de peculio). En principe, donc, le maître n'est pas tenu. Mais que déciderait-on au cas où l'esclave aurait fait acte d'*intercessio, rem peculiarem agens ?* Cette *intercessio* sera valable. Il en sera ainsi, par exemple, si l'esclave s'est porté fidéjusseur pour celui qu'il a chargé d'une affaire concernant le pécule, à l'occasion d'engagements relatifs à cette affaire, Sabinus décide également *non alias dandam de peculio actionem in dominum cum servus fidejussisset nisi in rem domini aut ob rem peculiarem fidejussisset.*

Le maître ne reste tenu *de peculio* que pendant *un* an après la mort, l'affranchissement ou l'aliénation de l'esclave. Ainsi, tant que l'esclave est sous sa puissance, l'action *de peculio* est perpétuelle. Quand l'esclave est sorti de sa puissance, l'action devient annale ; car l'existence du pécule étant détruite par la mort, l'aliénation ou l'affranchissement de l'esclave, le préteur, a jugé convenable de limiter à *un* an les effets de l'obligation. Le préteur, dans son édit, vise seulement le cas où le maître a perdu définitivement la puissance dominicale, non le cas où cette puissance se trouve seulement *in suspenso* ; et si, par exemple, l'esclave qui a reçu un prêt se trouve prisonnier chez l'ennemi, l'action du créancier ne s'éteindra pas par le délai d'un an tant que le maître peut, par l'effet du *post liminium*, recouvrer la puissance dominicale sur cet esclave.

Si l'esclave est aliéné, le préteur donne contre son ancien

mattre l'action *de peculio* dans le courant de l'année qui ~~~it l'aliénation. Il la donne également contre le nouveau mat~ Si le créancier a obtenu de l'acheteur de l'esclave une partie ~~ ce qui lui est dû, il pourra poursuivre contre le vendeur l~ recouvrement de ce qui lui reste dû. Mais, les choses étant~ encore entières, il ne serait pas permis au créancier de diviser son action et de poursuire à la fois le vendeur et l'acheteur. *Satis enim esse hoc solum ei tribui ut in alterum ei detur actio quum, electo emptore, minus esset consecutus.* (Paul. L. 4, § 3, De peculio). Cette opinion n'était pas cependant universellement admise, et Julien soutenait *omnino permittendum creditoribus vel in partes cum singulis agere vel cum uno in solidum.* Toutefois, les jurisconsultes étaient d'accord pour donner au créancier qui avait agi *de peculio* contre l'ancien maître la même action *adversus cœteros apud quos ejusdem servi peculia essent.*

Si le maître qui a aliéné son esclave est devenu plus tard créancier de cet esclave, il aura l'action *de peculio* contre le nouveau maître qui sera obligé vis-à-vis de lui jusqu'à concurrence du pécule, sans tenir compte du pécule de l'esclave qu'il a gardé lors de l'aliénation. Mais il ne pourrait pas poursuivre *de peculio* le nouveau maître relativement à une créance qu'il aurait eue contre l'esclave avant l'aliénation. En effet, dit Julien, ou bien il a gardé le pécule de l'esclave, quand il l'a aliéné, et alors on doit le considérer comme s'étant payé avec ce pécule, ou bien il a vendu l'esclave avec son pécule, et alors, il doit s'en prendre à lui-même de n'avoir pas retenu sur le pécule ce qui lui était dû. Observons cependant que le raisonnement de Julien n'est pas concluant dans tous les cas. L'esclave pouvait, en effet, ne pas avoir de pécule. La vraie raison sur laquelle est fondée la décision que nous rapportons, c'est qu'entre le maître et l'esclave ne peut prendre naissance aucune obligation garantie soit par le droit civil, soit par le droit prétorien, ainsi que nous l'avons dit ci-dessus.

Le nouveau maître de l'esclave pourra agir *de peculio*, dans l'année, contre l'ancien maître, relativement aux créances qu'il avait contre l'esclave avant de l'acheter, déduction faite toutefois de son pécule.

La personne qui aura contracté avec un esclave appartenant à deux maîtres pourra agir contre celui des maîtres qu'il choisira et on appréciera le pécule non-seulement d'après la part qu'y a le maître poursuivi, mais d'après sa valeur totale, sauf règlement entre les maîtres par l'action *communi dividundo*.

A quelle époque et comment évalue-t-on le pécule?

On l'évalue *tempore rei judicatæ*. Ulpien signale une conséquence de ce principe : *Quæsitum est an teneat actio de peculio etiamsi nihil sit in peculio quum ageretur : si modo rei judicatæ tempore ? Proculus nihilominus teneri ait; intenditur enim recte etiamsi nihil sit in peculio.* (Ulpien. L, 30, pr. De peculio).

Si l'esclave est mort avant la fin de l'instance, on évalue le pécule à l'instant de sa mort.

Lorsqu'on recherche ce que vaut le pécule, on en déduit ce que l'esclave doit à son maître ou aux personnes soumises à la même puissance que lui, à moins toutefois que cette personne ne soit comprise dans le pécule de l'esclave. Ainsi, on ne déduira pas du pécule de l'esclave *ordinarius* la somme qu'il doit à son *vicarius*; car, ici, le pécule se trouve à la fois créancier et débiteur et, par conséquent, il n'est ni grossi ni diminué vis-à-vis des tiers. Quant au pécule du *vicarius*, il sera grossi de la créance qu'il a sur l'*ordinarius*. Mais si le créancier agit *de peculio* contre un *vicarius*, on déduira du pécule de ce dernier ce qu'il doit à l'*ordinarius quasi conservo debitum*.

Le préteur considérera comme faisant partie du pécule des valeurs qui n'y sont pas comprises par suite du dol du maître. Ainsi, si le maître poursuivi *de peculio* a vendu l'esclave avant la fin de l'instance, le maître sera condamné jusqu'à concurrence de ce que l'esclave a acquis chez son acheteur *peculii nomine* (Paul, L. 43 De pec.); car, si le maître n'avait pas vendu l'esclave, l'esclave lui aurait gagné ce qu'il a gagné à l'acheteur. Le fait du maître ne peut pas nuire au créancier et le forcer à intenter deux actions pour obtenir le bénéfice qu'il aurait pu avoir par la seule action *de peculio* intentée contre le vendeur de l'esclave.

On déduira également du pécule ce qui sera dû à ceux qui seront sous la tutelle ou la curatelle du maître.

Nous avons dit qu'on déduisait du pécule ce que l'esclave devait au maître. Supposons un esclave qui a reçu d'un tiers ce que ce tiers devait à son maître. — Est-il, par ce fait, débiteur envers son maître de la somme qu'il a reçue ? Le jurisconsulte Julien décidait l'affirmative dans le cas où le maître *ratum habuit quod exactum est*, et la négative dans le cas contraire. Car, si le maître ne ratifie pas la conduite de son esclave, l'esclave ne se trouve pas obligé envers son maître à l'occasion de l'argent qu'il a reçu, et il se trouve débiteur de cet argent envers le débiteur du maître, absolument comme si *pecuniam indebitam exegerit*.

Le maître passe avant tout autre créancier sur le pécule pour les créances qu'il a contre l'esclave.

Le maître qui, poursuivi *de peculio*, a payé plus qu'il n'y avait dans le pécule, serait-ce même par erreur, ne peut pas répéter (Ulpien L. II D. de condict. indeb.) Mais, dans le cas inverse, où le créancier n'a pas reçu le paiement intégral de sa créance, parce que le pécule était insuffisant, il pourra poursuivre le maître *de peculio* au fur et à mesure qu'il entrera quelque chose dans le pécule, tant qu'il ne sera pas entièrement désintéressé. *Is qui semel de peculio egit, rursus, aucto peculio, de residuo debiti agere potest*. (Ulpien L. 30, § 4. D. de peculio). Il y a ici quelque chose d'analogue au bénéfice de compétence en vertu duquel le débiteur est condamné seulement *quatenus facere potest*, mais peut être de nouveau poursuivi s'il acquiert de nouveaux biens. Il y a cette seule différence que, dans le cas du bénéfice de compétence, le débiteur doit donner caution de payer le surplus quand il le pourra, tandis que le maître en est dispensé.

On voit, d'après ce qui précède, que les deux actions *de peculio* et *de in rem verso* sont bien distinctes. Contrairement à l'action *de peculio*, l'action *de in rem verso* est perpétuelle ;

8

elle ne donne pas lieu aux déductions qui, souvent, restreignent la portée de la première ; elle est d'une application simple, tandis que l'estimation du pécule sera souvent compliquée.

Comparons les cinq actions prétoriennes quod jussu, exercitoire, institoire, tributoire, de peculio. La personne qui a les trois premières a également la cinquième ; mais elle préférera naturellement l'action quod jussu, ou l'action exercitoire ou enfin l'action institoire à l'action de peculio qui est moins sûre puisque, par elle, on n'obtient condamnation que jusqu'à concurrence du pécule. Elle emploiera, selon les cas, l'action tributoire de préférence à l'action de peculio ou inversement. La première offrira au créancier cet avantage que, vis-à-vis de lui, le maître, s'il a lui-même un droit de créance, n'aura du moins aucun droit de préférence; par la seconde, le créancier aura pour gage tout le pécule, et non pas seulement la partie du pécule employée au commerce. Les actions exercitoires, institoire, tributoire ne peuvent jamais concourir. Les deux premières, en effet, supposent que l'esclave fait le commerce pour le compte de son maître : la dernière, qu'il le fait pour son propre compte, *sciente domino.*

Les Institutes ajoutent ensuite que celui qui peut intenter contre le maître les actions prétoriennes *de in rem verso, quod jussu,* etc., peut également intenter contre lui la *condictio.* Mais si les tiers avaient contre le maître une action civile, la *condictio,* comment le préteur a-t-il créé pour eux de nouvelles actions ? — C'est que l'action prétorienne a existé la première, toute seule d'abord, et la *condictio* n'a été accordée que plus tard, par suite du développement progressif de la jurisprudence, quand on l'accorda, d'une manière générale, à quiconque a suivi la foi d'autrui en contractant.

B. *Les obligations de l'esclave vis-à-vis des tiers sont nées de de ses délits.*

Les tiers auront contre le maître de l'esclave une action qu'on appelle l'action *noxale.* Elle est toujours une action pénale établie tantôt par le droit civil, tantôt par le droit prétorien.

Noxa désigne l'auteur du dommage, *corpus quod nocuit, id est servus*, et *noxia* le délit même qui a été commis, *ipsum maleficium, veluti furtum, damnum, rapina, injuria.* (Instit., § 1, de noxal. act.)

Le maître poursuivi a le choix, ou de payer la peine prononcée à raison du délit, ou de faire abandon de l'esclave. Car il serait inique *nequitiam servorum ultra ipsorum corpora dominis damnosam esse* (Gaïus, IV, 75).

Le maître peut faire abandon noxal avant toute poursuite, après la poursuite et avant la sentence ; enfin, même après avoir été condamné. Toutefois, il n'est pas tenu d'une obligation alternative, mais facultative. Il doit la somme à laquelle il a été condamné, mais il peut se libérer en abandonnant l'esclave coupable : *Noxæ deditio in facultate solutionis est : facultatem noxæ dedendæ ex lege accipit* (Ulpien, L. 6, § 1, D. de re judic).

Toutefois, le maître ne pourra pas faire abandon noxal et devra payer le montant de la condamnation, quand il aura nié mensongèrement posséder l'esclave, ou lorsque *dolo fecerit quominus in ejus potestate esset.* Il en sera de même si le maître, pouvant empêcher le dol, ne l'a pas fait : *Si servus, sciente domino, occidit, in solidum dominum obligat ; ipse enim videtur dominus occidisse. Si autem insciente, noxalis est : nec enim debuit ex maleficio servi in plus teneri quam ut noxæ eum dedat* (Ulpien, L. 2, pr. D. de nox. act.)

Le maître, en faisant abandon noxal à celui qui a souffert du délit, transfère à celui-ci la propriété de son esclave. Mais si l'esclave se procure de l'argent de manière à indemniser son nouveau maître (*si damnum resarcierit quæsita pecunia*), il pourra, *auxilio prætoris*, se faire affranchir. Cet *auxilium prætoris* ne s'appliquait probablement, dans le principe, qu'au fils de famille que son père poursuivi *noxaliter* avait mancipé à la victime du délit. Mais l'abandon noxal disparut plus tard quant aux fils de famille : *Noxa hominum conversatio*, dit Justinien, *hujusmodi asperitatem recte respuendam esse existimavit.* Justinien a sans doute maintenu cet *auxilium prætoris* en faveur de l'esclave.

Le maître n'est tenu de l'action noxale qu'en tant que possesseur de l'esclave, et le possesseur de l'esclave, alors même qu'il ne serait pas son maître, en sera néanmoins tenu. Ainsi, celui qui possède de bonne foi un esclave sera tenu, *servi nomine*, de l'action *furti*. Le maître ne saurait être poursuivi par ce motif. Mais le possesseur en faisant abandon de l'esclave ne le rendra pas la propriété du demandeur, et, si le maître le revendique, le possessesseur le repoussera par l'exception de dol *vel officio judicis consequetur ut indemnis fiat* (Ulpien L. 11, D. de nox. act.)

« L'action noxale est donnée non-seulement contre ceux qui possèdent l'esclave de bonne foi, mais encore contre ceux qui le possèdent de mauvaise foi. Car il serait absurde que ceux qui sont de bonne foi fussent soumis à l'action et que les voleurs ne pussent pas être inquiétés. » (Gaïus L. 13, D. de nox. act.)

Nous avons dit que si l'abandon noxal est fait par une personne qui possède l'esclave sans en être propriétaire, la propriété de l'esclave n'est pas transférée à celui qui le reçoit. Celui-ci n'en deviendra propriétaire que par l'usucapion, et l'usucapion s'accomplira ici, à son profit, alors même qu'il serait de mauvaise foi.

Noxalis actio caput sequitur. La personne qui a souffert du délit a un droit de suite. Elle peut intenter l'action contre les possesseurs successifs de l'esclave, et enfin, si celui-ci est affranchi, il sera tenu lui-même personnellement et directement vis-à-vis du tiers lésé; nous l'avons déjà dit en expliquant que l'esclave s'obligeait civilement par ses délits : *si manumissus fuerit directo ipse tenetur.*

Ainsi, de noxale l'action peut devenir directe. Réciproquement de directe elle deviendra noxale si un homme libre ayant commis un délit devient esclave.

Si c'est un *servus communis* qui a commis le délit, chacun de ses maîtres est tenu *in solidum*. Le maître poursuivi devra faire l'abandon de tout l'esclave; on ne saurait admettre qu'il abandonnât seulement la part de propriété qu'il a sur l'esclave. Il pourra toutefois se mettre à l'abri en abandonnant l'esclave pour sa part, avant toute poursuite (Ulpien, L. 8, de nox. act.) Mais si l'un des copropriétaires a connu le délit, il sera tenu pour tous les autres, et il n'aura le droit de rien répéter des autres copropriétaires (Paul, L. 9, eod. tit.)

Nous avons déjà dit et nous rappelons seulement que le délit de l'esclave qui donne lieu à l'action noxale, est seulement le délit commis vis-à-vis d'un *extraneus*. *Si servus domino noxiam commiserit, actio nulla nascitur : namque inter dominum et eum qui in ejus potestate est, nulla obligatio nasci potest.* (Instit. De nox. act. § 6).

SECTION III.

DE LA CAPACITÉ DE L'ESCLAVE QUANT A CERTAINES FONCTIONS DÉTERMINÉES.

Nous avons envisagé la personne de l'esclave à différents points de vue ; nous l'avons considéré dans ses rapports avec son maître et avec les tiers. Nous allons examiner, en finissant, si l'esclave est apte à remplir, soit vis-à-vis de son maître, soit vis-à-vis des tiers, certaines fonctions déterminées.

Peut-on agir en justice par son ministère? Sous l'empire des actions de la loi, personne ne pouvait plaider pour autrui : *Nemo alieno nomine lege agere potest.* Ce principe ne recevait que de très-rares exceptions.

Sous l'empire du système formulaire, le principe inverse fût admis.

Mais il est certain que l'esclave ne pouvait pas être constitué *procurator* à l'effet de figurer dans une instance, soit comme demandeur, soit comme défendeur. Il n'a pas qualité pour *stare in judicio*, pas plus pour autrui que pour lui-même ; il n'a pas qualité pour avoir lui-même un *procurator ad lites*, bien qu'il puisse constituer un *procurator ad negotia. Negotia quidem peculiaria servi posse gerere aliquem et hoc casu procuratorem ejus esse admittimus. Actionem autem intendere vetamus* (Ulpien).

Il n'y a exception à ce principe que dans un cas : lorsque l'esclave *de statu suo litigat*. Dans cette action où sa liberté est en question, l'esclave peut être demandeur ou défendeur. Il est représenté par un *assertor libertatis*, et il reste en liberté pendant le cours du procès. On s'attache à l'état de fait existant à l'époque du procès, pour savoir à laquelle des deux parties incombe le fardeau de la preuve : *Si quis ex servitute in libertatem proclamat, petitoris partes sustinet; si vero ex libertate in servitutem petatur, is actoris partes sustinet qui servum suum dicit* (Ulpien, L. 7, § 5, D. de liber. causa).

L'esclave peut-il être préteur ?

Non. Mais si le peuple romain a nommé préteur un esclave fugitif qu'il croyait être un homme libre, les prescriptions de l'édit de ce préteur auront-elles force de loi ? On admettait l'affirmative, *propter utilitatem eorum qui apud eum egerunt vel lege vel alio jure.* Si le peuple romain nommait préteur un esclave dont il connaîtrait la condition d'esclave, il le rendrait par cela même libre (Ulpien, L. Barbarius Philippus, D. liv. I, tit. 14).

L'esclave peut-il être témoin dans un testament ?

Non, bien qu'il puisse être valablement institué, si le testateur a la *factio testamenti* avec son maître. Toutefois, le testament ne serait pas nul si l'esclave qui a figuré comme témoin était universellement considéré comme libre : *quum eo tempore quo testamentum signaretur omnium consensu hic testis liberorum loco esset neque quisquam esset qui status ei questionem moveret* (Inst. De ordin. test. § 7). Il y a, dans ce sens, des rescrits des empereurs Adrien et Sévère Antonin.

L'esclave peut-il tester ?

Non, car comment le pourrait-il ? il n'est pas propriétaire ; ce qu'il a appartient à son maître. Il ne peut donc pas en disposer ni au profit d'un tiers, ni au profit de son maître à l'effet de lui donner ce qu'il a déjà.

Le *servus populi Romani* peut disposer de la moitié de ses biens, car il peut être propriétaire. Nous en reparlerons au chapitre suivant.

CHAPITRE III.

CONDITION DE CERTAINS ESCLAVES.

Les Institutes disent (§ 5 de jure person.) que la condition de tous les esclaves est la même : *in servorum conditione nulla est differentia.* Cette phrase est trop absolue. Certains esclaves sont dans des conditions particulières. Tels sont le *servus pœnæ,* le *servus publicus*, les *coloni.*

1° *Servus pœnæ.* Quand nous avons traité le chapitre II : *Comment on devient esclave*, nous avons dit que la servitude pouvait être le résultat de certaines condamnations. L'homme libre, condamné au dernier supplice, perdait la liberté à l'instant où la sentence est prononcée ; il était *servus sine domino.* De ce qu'il n'avait pas de maître, il résultait que s'il stipulait ou si une disposition testamentaire lui était adressée, la stipulation et la disposition étaient nulles. Nous savons en effet que si elles sont valables au cas où il s'agit d'un esclave ordinaire, cela tient à ce que celui-ci emprunte la capacité de son maître. Elles sont déclarées valables par considération pour la personne de son maître. C'est ce que décident deux textes, l'un de Javolenus, l'autre de Marain : *Quod servus stipulatus est quem dominus pro derelicto habebat nullius est momenti.* (Javolenus. L. 36. D. De stip. serv.) *Sunt quidam servi pœnæ ut sunt in metallum dati et in opus metalli; et si quid eis testamento datum fuerit, pro non scriptis est : quasi non Cæsaris servo datum sed pœnæ.* (Marcien. Liv. 17, pr. D. De pœnis).

2° *Servus populi Romani.* Ces esclaves étaient surtout des prisonniers faits à la guerre ou des affranchis retombés en servitude conformément aux dispositions de la loi *Ælia Sentia.* D'après cette loi, l'esclave qui, avant d'être affranchi, s'était trouvé dans une position infamante, avait été marqué d'un fer chaud à titre de peine, ou livré pour combattre comme gladiateur ou contre les bêtes féroces, ne pouvait jamais devenir citoyen romain. Il était *dédilice*, c'est-à-dire pérégrin, dans la condition de certains peuples qui, ayant combattu contre les Romains, avaient dû se rendre à discrétion, *qui victi se dedidérunt*. Il était défendu à ces déditices de séjourner à Rome ou dans les cent premiers milles autour de Rome. S'ils enfreignaient cette défense, ils étaient vendus avec leurs biens pour le compte de l'Etat, avec la clause qu'ils ne seraient jamais affranchis. Si malgré cette clause on leur donnait la liberté, ils devenaient esclaves du peuple romain.

Le *servus populi romani* était habituellement attaché au service des magistrats. Cela résulte de passages d'auteurs romains qui nous ont été conservés, et qui nous les représentent comme attachés à la personne des censeurs, des édiles curules.

Nous avons déjà dit que cet esclave pouvait être propriétaire et disposer par testament de la moitié de ses biens.

3° *Du colonat.* — A côté et au dessus des esclaves, nous devons ranger une certaine catégorie d'hommes connus sous le nom de *colons*.

Avant d'aborder l'étude du colonat, il importe de rechercher quelle était la condition des cultivateurs à Rome avant le ive siècle, d'exposer en quoi consista la réforme du colonat, d'établir ses origines.

Si nous cherchons dans le Digeste quelles classes de personnes cultivaient la terre, nous voyons l'exploitation du sol confiée à des hommes libres ou à des esclaves. Il n'y a pas un mot, dans les Institutes de Justinien, qui révèle un changement survenu dans la condition des cultivateurs. Et pourtant, au ive siècle, apparaît tout à coup, dans l'empire romain, une nouvelle classe de travailleurs qui semblent avoir une position intermédiaire entre la liberté et la servitude. Ils sont attachés à la terre qu'ils cultivent pour autrui ; ils naissent, vivent et meurent sur le même domaine sans pouvoir jamais le quitter. Le colon ne peut être séparé du sol ni par sa propre volonté, ni par celle d'autrui : « Vivre et mourir sur le sol où il est né, c'est là son destin comme celui de la plante. »

Comment a pu se produire ce fait étrange que l'on a appelé colonat, et plus tard servage ? C'est une question dont la solution divise les auteurs ; car on se heurte à des difficultés presque insolubles qui tiennent à deux causes : la première est le silence des écrivains de l'époque qui ne parlent des colons qu'en passant, sans s'occuper ni de leur origine, ni de leur état; la seconde est la prolixité des textes. Un style diffus et emphatique a remplacé la langue précise du droit classique.

Quoi qu'il en soit, comme tout est préparé dans l'organisation d'une société par des faits antérieurs, le colonat du Code et des Novelles doit se rattacher par une descendance directe à l'ancienne organisation de l'agriculture chez les Romains.

Malgré le développement du travail servile dans les campagnes, le travail libre avait continué à exister ;

La culture des champs donnait lieu, en ce qui concerne les hommes libres, à des contrats divers ;

Les différentes catégories de fermiers pouvaient se ramener à deux : 1° les fermiers à pièce d'argent ; 2° les mitoyens ou colons partiaires.

Par l'usage et la nécessité, les baux à ferme, de temporaires, tendaient à devenir perpétuels, soit en vertu de la convention, soit en vertu de la tacite reconduction. Il arrivait donc souvent que les mêmes familles demeuraient, pendant plusieurs générations, sur les mêmes terres. Mais elles n'étaient pas encore attachées au sol d'une manière définitive ; il leur était loisible de partir quand elles avaient réglé leurs comptes avec le maître, et celui-ci pouvait toujours les renvoyer à l'expiration du bail. Liberté de part et d'autre, malgré des tendances contraires, voilà ce qui formait l'essence du colonat au temps des jurisconsultes.

Ce contrat changea de nature par suite d'une révolution administrative et financière introduite dans l'empire, et le colonat prit naissance à la fin du IIIᵉ siècle, ou plutôt au commencement du IVᵉ, peut-être sous Dioclétien, probablement sous Constantin.

L'agriculture dépérit ; les campagnes sont désertes : c'est là un mal signalé depuis longtemps. Les empereurs essaient de retenir les colons par des privilèges. Pour repeupler les campagnes, tantôt ils offrent des parties du vaste domaine impérial en toute propriété à celui qui voudrait le défricher ; tantôt ils le partagent entre des familles barbares qu'ils transplantent des bords du Rhin ou du Danube dans l'intérieur de l'empire. Pertinax essaya du premier moyen. Marc-Aurèle donna l'exemple du second, en établissant des Marcomans dans les provinces et même au cœur de l'Italie.

L'exemple de Pertinax et de Marc-Aurèle fut suivi.

On pourrait croire que ces prisonniers barbares, forcés de travailler la terre par le droit de la victoire, ont donné naissance au colonat des Codes. Mais ils formaient une population à part, sous les ordres de l'autorité militaire ; leurs établissements ressemblaient aux anciennes colonies de la République.

Ce n'est donc pas là le colonat proprement dit.

Mais bientôt l'empire s'épuise, le luxe grandit, les impôts augmentent au moment où leur source tarit. La lutte devient plus grande entre le fisc affamé et la population impuissante à le satisfaire, lorsque Dioclétien divise l'empire et crée ainsi quatre corps. Le peuple romain agonise ; il meurt d'inanition ; c'est à ce moment que se place la création du colonat.

Chacun, pressé par la misère, déserte son poste : le soldat, l'armée ; le magistrat, sa place ; le cultivateur, la terre. La nécessité du recouvrement des impôts amène alors une révolution sociale : on attache chaque individu à sa fonction. Le principe de l'*origine* qui avait maintenu la classe des *curiales* fut appliqué à bon nombre de conditions. Dès lors on naît membre d'une corporation, greffier d'une ville ; les fils de vétérans naissent militaires. — De même, l'empire, qui au quatrième siècle trouve dans les champs des fermiers libres cultivant pour la plupart le même champ depuis plusieurs générations, attache au sol cette population libre.

Cette immobilisation du cultivateur s'explique donc par le système administratif de l'empire, et surtout par son système financier :

« Constantin, tout en conservant le système de recouvrement des deniers publics au moyen des *curiales*, le modifia cependant en ce sens que les propriétaires étaient rendus responsables envers le fisc de tous les hommes libres qui auraient été enregistrés dans les rôles du cens comme établis sur leurs possessions. La terre devenait l'unique base de l'impôt, le sol et le cultivateur ne formaient plus désormais qu'une seule et même chose ; les cultivateurs étaient devenus membres de la terre, et ne devaient plus en être séparés. En effet, le gouvernement ne pouvait rendre le propriétaire responsable du tribut (1) de ses fermiers, sans lui donner en même temps le droit de les retenir, de sorte que le colonat perpétuel sortait naturellement de cette mesure financière (Revillout, *Revue historique*, tome III.)

Le colonat est donc une institution issue d'une révolution administrative et financière.

Quelles sont les preuves à l'appui de cette thèse ?

La première est tirée du silence même des Instituts. Si le colonat tient au droit civil, si son trait distinctif est une question de liberté ou de servitude, comment Justinien l'a-t-il oublié dans sa division des personnes en homme libres et en esclaves ?

Ce qui est plus probant encore, c'est que dans la plupart des textes, les empereurs, pour régler la condition des colons, ne s'inspirent plus des principes ordinaires du droit civil, mais de la nécessité politique ou économique du moment. Ainsi, on devient colon par présomption, malgré le principe de l'imprescriptibilité de la liberté.

Le colonat fut une réforme financière. Partout se révèle cette idée. Valentinien voit dans le colon une sorte de fonctionnaire qui a des devoirs envers la patrie. Arcadius nous dit que les colons sont libres vis-à-vis de ceux auxquels l'impôt ne les assujettit pas. — L'empereur Théodose exempte de la capitation les colons de Thrace, et il croit avoir besoin de faire une loi spéciale pour dire que ces individus exemptés de la capitation n'en sont pas moins colons (2).

_____

(1) Ce tribut était la capitation ou impôt personnel dont le maître faisait l'avance pour les colons, sauf son recours contre eux.

(2) C. Just. xi, tit. 51, et L. 1, liv. xi, tit. 50.

La thèse que nous venons d'exposer, mise en lumière par M. Révillout, est loin d'avoir rallié tous les esprits.

Dans une opinion soutenue par Cujas, le colonat aurait existé de tout temps chez les Romains.

Une autre opinion fait dériver le colonat de la clientèle antique.

Dans une quatrième opinion, on soutient que les empereurs ont emprunté le colonat à un peuple conquis et l'ont étendu à tout l'empire. L'origine du colonat serait dans l'organisation sociale de la tribu germaine.

Enfin, d'après M. Troplong, le colonat ne serait qu'un affranchissement restreint.

Après ces explications sur son origine, nous abordons la matière du colonat.

Nous la diviserons en quatre paragraphes. Dans le premier, nous traiterons de sa définition et du nom des colons. — Dans le second, des modes de devenir colon ; dans le troisième, de la condition du colon, de ses droits et de ses devoirs ; dans le quatrième, les modes de sortir du colonat.

§ 1.

Définition du Colonat. — Noms des colons.

Le colon est l'homme libre qui, moyennant une redevance fixe, cultive pour autrui la terre à laquelle il est irrévocablement lié.

Il y a donc dans le colonat :

1° Un lien légal qui retient le colon sur le domaine qu'il cultive ;

2° La liberté du colon, car, à côté de lui, il y a des esclaves fixés au sol ;

3° Ce fait que le domaine cultivé est le domaine d'autrui.

Pour désigner le colon, les textes emploient les appellations les plus diverses ; nous trouvons les suivantes : *coloni originales*, ou *originarii*, ou *tributarii*, ou bien *censiti*, *censibus ob-*

noxii ou encore *adscriptitii*, *adscriptitiæ conditionis*, ou enfin *inquilini*.

Cette prolixité s'explique : Jusqu'à Constantin, la condition des cultivateurs fut abandonnée à la liberté des conventions, aux usages locaux, aux principes divers qui réglaient la culture des terres dans chaque province. Quand les empereurs s'occupèrent de cette classe et l'organisèrent, ils respectèrent ces traditions.

Mais ces noms divers n'indiquent pas des catégories distinctes de colons. Il y a seulement deux grandes classes. Les dénominations résultent surtout des divers points de vue auxquels se plaçait le législateur.

Si le législateur envisage l'assujétissement héréditaire des colons à la terre, il les appelle *originarii*. S'il considère les colons dans leurs rapports avec le fisc, comme ils sont soumis à une contribution personnelle et inscrits sur le registre du cens, il les nomme *censiti*, *adscriptitii*. S'il s'arrête aux rapports des colons avec le champ qu'ils travaillent, il leur donne le nom de *coloni*. — Quant à la signification du mot *inquilinus*, elle est controversée. On a dit que l'*inquilinus* est l'homme nomade qui, chassé par la misère, vient cultiver le champ d'un maître et que la prescription assujettit au colonat; c'est l'étranger, le nouveau venu.

§ 2.

Des modes de devenir colon.

Il y a deux modes ordinaires : la naissance et la prescription — on y ajoute la convention; — et deux modes extraordinaires : la loi et le mariage d'une femme *colona* avec un homme libre.

1° *Naissance.* — Si le père et la mère sont colons, l'état de l'enfant n'est pas douteux, il est colon ; les textes l'appellent *originarius*.

Si l'un des parents est colon, l'autre esclave, l'enfant suit la condition de la mère.

Si le père est libre et si la mère est une *colona*, l'enfant devrait suivre la condition du père, être libre, d'après le droit civil ; car le père et la mère ont le *jus connubii* ; l'enfant cependant sera colon, *ne hujusmodi hominum conditio decrescat* (1).

Supposons enfin que la mère est libre et le père colon. Si on suivait ici les principes du droit civil et ceux du législateur qui veut favoriser le colonat, on dirait que l'enfant naît colon. Cependant il y a des variations dans les décisions que les textes donnent à cet égard (2). Avant Justinien, il était colon. Depuis Justinien (Novelle 54) il est libre. Mais des Novelles ultérieures restreignirent et détruisirent même cette décision de Justinien.

2° *Prescription*. — Il est étrange de voir la prescription source du colonat. Ainsi, le cultivateur libre qui, pendant 30 ans a été employé à l'exploitation d'un fonds en qualité de colon, est perpétuellement attaché à ce fonds (3) ; ses enfants sont colons comme lui, lors même qu'ils n'auraient pas demeuré 30 ans sur le fonds d'autrui (4) ; c'est la terre, en quelque sorte, qui prescrit son cultivateur.

La prescription joue un autre rôle dans le colonat : elle peut faire changer le colon de maître.

3° *Convention*. — Faut-il ajouter aux deux modes précédents la convention ? la plupart des auteurs admettent, qu'à Rome, l'homme libre a le droit de changer par un simple pacte sa condition et d'entrer ainsi dans la classe des colons (C. Justin. liv. xi, tit. 43, l. 22).

4° *Mariage*. — Le mariage fut indirectement un mode de devenir colon dans un seul cas (5) : Il arrivait qu'un étranger venant cultiver le domaine d'un grand propriétaire, y épousant une *colona*, quittait un jour, mécontent de son sort, sa femme et son champ. Valentinien, voulant empêcher ces faits de se produire, ordonna que l'étranger qui épouserait une *colona*,

(1) C. Just. L. xi, tit. 47, liv. 24.
(2) Novelle 54. — C. Just. L. xi, tit. 47, l. 24. — Nov. 162, 22.
(3) C. Just. tit. xi, tit. 47, liv. 18 et 23.
(4) C. Just. liv. xi, tit. 47, t. 23, § 1.
(5) C. Just. liv. xi, tit. 47, t. 22 et C. liv. vii, tit. 24, l. 1.

déclarât sur les registres municipaux qu'il avait l'intention de fixer sa résidence au lieu où il se mariait ; la loi, forte de cette promesse solennelle suivie du mariage, décida que cet étranger ne pourrait plus quitter ce domaine. Il garde sa qualité d'ingénu et devient colon libre. Justinien, il est vrai, ne parle plus de cette hypothèse ; il est probable cependant qu'il l'avait en vue quand il exige, pour prouver le colonat, le concours de deux preuves : un écrit et l'aveu judiciaire ou l'inscription sur les registres du cens.

5° *La loi*. — Par une constitution, Valentinien attacha au sol les fermiers libres de la Palestine et de l'Illyrie qui avaient échappé à Constantin.

Tout mendiant valide et libre est attaché au sol et devient colon à perpétuité.

Enfin, les empereurs transplantèrent des barbares dans les campagnes ; une loi les attachait au sol et les distribuait aux propriétaires à titre de colons, *jure colonatus*.

§. 3

État du colon. — Ses droits et ses devoirs.

A l'origine, on ne trouve qu'une classe de colons, mais bientôt des mesures rigoureuses sont prises qui leur enlèvent plusieurs de leurs droits. Une réaction s'opère au v° siècle, et alors on distingue deux catégories de colons : les colons libres, *coloni*, et les *adscriptitii*, colons se rapprochant de l'esclave. Le colon libre conserve la pleine disposition de son patrimoine ; l'ascrit ne peut l'aliéner ; le premier est protégé avec plus de sollicitude que le second contre les empiétements du propriétaire. *Agricolarum alii quidem sunt adscriptitii; alii vero coloni fiunt* (loi 18).

Trois catégories de colons rentraient dans la classe des colons privilégiés ou colons libres : 1° les enfants nés d'un père colon et d'une mère libre ; 2° ceux qui sont devenus colons par prescription ; l'homme libre qui, voulant épouser une *colona* d'un maître auquel il est allé offrir ses services, déclare solennellement son intention de fixer sa demeure sur le fonds de ce maître.

I. PERSONNE DU COLON.

Le colon, en droit civil, est un homme libre. L'ascrit lui-même est un homme libre, car tous les colons ont le *jus connubii* et contractent un véritable mariage avec tous les droits qui en découlent (1).

Le colon a, en outre, le *jus commercii*, c'est-à-dire la capacité juridique de contracter et d'être propriétaire. Il peut acquérir des biens et en disposer par testament; il paie les impôts; il a le droit de gérer une tutelle.

Ce qui crée son incapacité, ce sont les rapports que la loi fiscale établit soit entre lui et le sol, soit entre lui et le propriétaire du sol. Libre vis-à-vis des tiers, le colon est assujetti au sol, et sa capacité est amoindrie en face du propriétaire du domaine qui lui est confié.

A° *Rapports du colon avec le sol.* — C'est du sol que naît la grande dépendance du colon; le colon ne pourra être séparé de ce sol ni par sa volonté, ni par celle du maître. Ainsi, le maître ne peut aliéner le colon qu'avec le fonds; s'il vend la terre sans les colons, la vente est nulle. Si, au contraire, il aliène le colon seul, il pourra toujours le revendiquer, et l'acheteur perdra le prix qu'il a payé. Dans la crainte que le maître ne veuille pas profiter de ce bénéfice peu loyal que lui accorde la loi, ses héritiers auront le même droit que lui, sans qu'on puisse leur opposer aucune prescription.

Le motif de cette interdiction de séparer le colon du fonds, c'est l'intérêt de l'agriculture.

Si la loi prend des précautions à l'égard des propriétaires, elle se montre bien plus défiante à l'égard du colon. Le colon pourrait échapper à sa condition par la fuite ou en obtenant des

(1) C. Just. L. xi, tit. 47, liv. 24. — Nov. 156.
C. Just. Nov. 22, cap. 17.

'honneurs. Nous allons voir quelles sont dans ces cas les dispositions de la loi.

Colon fugitif. — Si le colon s'enfuit, le propriétaire du sol a
le droit de le poursuivre avec la force militaire, de le revendiquer lui, ses enfants et son pécule. Le colon fugitif n'aura pas
la faculté de recouvrer la liberté par la prescription.

La loi atteint même celui qui a reçu le colon (1) : le receleur
de mauvaise foi doit rendre le colon, rembourser la capitation,
payer une amende ; et plus tard, le receleur, qu'il fût de bonne
ou de mauvaise foi, paya une amende au Trésor.

La loi punit même la pensée de fuir de l'esclavage ou des
fers (2).

Défense de remplir des fonctions publiques. — En droit, je
crois le colon capable d'exercer une charge publique ; ce qui
l'en empêche, c'est son attache au sol.

Restait pour le colon un refuge, l'église. Justinien décide
qu'il ne pourra pas entrer dans les ordres sans le consentement
du maître. Il devra se faire remplacer par un autre pour les travaux de l'agriculture. Cependant, plus tard, le consentement du
maître ne fut plus nécessaire.

L'épiscopat seul assurait au colon la liberté, et brisait les liens
qui le retenaient sur le sol.

B°. *Rapports du colon avec le propriétaire.*

Le maître avait le droit de châtier corporellement le colon
dans deux cas : 1° quand il épousait une femme libre ; 2° quand
il embrassait l'hérésie donatiste.

La loi protégeait spécialement les colons libres, et défendait
d'employer contre eux la violence.

Le colon n'était pas, comme le serf du moyen âge, taillable
et corvéable.

Vis-à-vis des tiers, le colon peut ester en justice ; mais vis-
à-vis du maître, il ne le peut qu'au cas où : 1° le maître conteste
sa qualité de colon ; 2° le maître veut augmenter la redevance

(1) Justin C., liv. xi, tit. 47, loi 8.
(2) C. Th. liv. v, tit. 9, loi 1.

que lui paie le colon ; 3° le maître commet quelque crime contre le colon ou sa famille.

Il semblerait que cette restriction du droit d'ester en justice n'atteignait que l'ascrit, le colon libre conservant dans sa plénitude le droit d'intenter des actions en justice (1).

« Attaché au champ qu'il cultive par un lien indissoluble, le colon ne peut en être séparé ni par sa propre volonté ni par celle du propriétaire ; il en partage toutes les fortunes. Il n'est pas esclave cependant, puisqu'il a comme l'homme libre tous les droits de famille et la propriété de son pécule. Il n'est pas libre non plus, car il ne peut pas disposer de sa personne (1) », car le propriétaire du fonds a sur lui la *potestas*, le droit de correction, et peut le revendiquer s'il s'enfuit.

II. BIENS DU COLON.

Le colon a des biens propres ; il a pécule ; il en a la propriété incontestable. Il n'a pas cependant le droit d'aliéner le pécule sans le consentement du maître, parce qu'il doit la capitation et parce que le pécule en répond. Mais, à sa mort, le colon reprend ses droits et peut disposer de son pécule par testament, sans le consentement du maître.

Le colon peut donc avoir des biens mobiliers et immobiliers, il peut être propriétaire foncier, avoir des terres à lui, indépendantes de celles du maître.

Si le colon avait des biens, il avait aussi des charges à remplir envers le propriétaire et envers l'État : 1° il payait une redevance invariable, presque toujours en fruits, au propriétaire du sol ; 2° il devait un tribut à l'État ; 3° il était soumis au service militaire. Mais si du domaine du droit nous passons au domaine des faits, si nous nous représentons l'empire romain s'écroulant de toutes parts, nous verrons les impôts, l'arbitraire du maître, l'impuissance de la loi, les invasions des barbares réduire les colons au dernier degré de la misère.

(1) C. Justin, liv. XI, tit. 49, loi 2.
(1) Révillout, *Revue historique*.

§ 4.

Comment on cesse d'être colon.

A mesure que l'empire décline, il devient plus difficile de rompre les liens du colonat.

A l'origine, le colon qui, pendant trente ans, était resté hors du fonds confié à ses soins et avait joui de la liberté, était dégagé du lien colonaire. Pour la femme, il suffisait d'un délai de vingt ans.

A partir de Justinien, la prescription ne libère plus du colonat.

La dignité épiscopale rompt les liens du colonat, même sous Justinien, et même elle affranchit l'esclave.

Lorsque le maître donne ou vend le sol au colon, l'Etat n'a aucun intérêt à empêcher la rupture des liens du colonat; car il ne perd pas son contribuable et la terre conserve son cultivateur.

CONCLUSION

Nous avons dit que, dans l'agriculture romaine, le travail libre avait existé à côté du travail des esclaves, et en expliquant les exigences du colonat, nous avons montré le travail servile insuffisant pour la culture des champs, et le travail libre s'affaissant sous les charges qui l'accablaient, impuissant à obtenir de la terre les ressources que le fisc lui demandait. C'est à ce moment que paraît le colonat. Au milieu de cette crise et pour la surmonter, les empereurs immobilisèrent le travailleur; ils réglementent et assujettissent le travail libre; ils retiennent au travail l'homme libre malgré lui, l'esclave malgré son maître. L'homme libre devient ainsi moins libre, et l'esclave est moins à la disposition de son maître.

Dès le principe, il y avait des différences profondes entre la condition juridique du colon libre et de l'esclave attaché à la terre ; car ce dernier, quoique rivé au sol, restait toujours dans les liens de la servitude. Plus tard, sous l'influence du christianisme qui proclama le dogme nouveau de la fraternité des hommes, les mœurs s'adoucirent, la condition des esclaves, qui s'était sérieusement améliorée sous les empereurs païens, se transforma : d'esclave de l'homme on devint esclave de la terre ; le colon libre devint le *vilanus* des XII° et XIII° siècles ; l'esclave devint le serf.

Le servage n'est pas sorti directement du colonat. Le colonat fut une réforme administrative et financière qui immobilisa le cultivateur *libre*. Le cultivateur esclave fut bien immobilisé, lui aussi, mais ce n'était pas lui qu'on désignait, dans le principe, par le nom de *colonat* ; car, en droit, sa condition n'était nullement modifiée : il était esclave comme par le passé. Le servage est né de la servitude antique ; il a été un progrès civil accompli sous l'influence des idées chrétiennes et de la royauté, progrès qui arracha complétement l'esclave au pouvoir du maître, pour en faire le serf de la glèbe.

Enfin, le servage lui-même disparut. L'émancipation des serfs fut favorisée par les croisades, qui obligèrent les seigneurs à leur rendre la liberté pour subvenir aux frais de leurs expéditions. Elle prit surtout son essor lorsque commença l'affranchissement des communes et se dessina la politique de la royauté contre la féodalité. Elle fut achevée et consacrée par la Révolution française.

APPENDICE

Il ne faut pas confondre les esclaves avec les personnes *in mancipio*. Il y a de nombreuses analogies et différences entre ces deux classes de personnes. — Nous allons parcourir les principales.

I. *Analogies.* La ressemblance du *mancipium* et de l'esclave était grande autrefois. On disait que l'individu *in mancipio* était *loco servi*, ou *in imaginariam servilem causam deductus*. L'individu *in mancipio*, comme l'esclave, devenait libre par la manumission *vindicta, censu, testamento*.

II. *Différences.* La qualité d'ingénu est perdue pour celui qui devient esclave, sauf le *jus postliminii* pour celui qui le devient *captivitate*; elle n'est que suspendue pour l'individu *in mancipio*.

L'esclave peut être possédé : l'individu *in mancipio* ne peut pas l'être.

L'esclave, dans l'Ancien Droit surtout, est à la discrétion du maître : au contraire, *adversus eos quos in mancipio habemus nihil nobis contumeliose facere licet*. (Gaïus I. § 141).

Le mariage est dissous quand l'un des époux tombe en servitude : il ne l'est pas quand l'un des deux est constitué *in mancipio*.

Le préteur accorde le bénéfice d'abstention à celui qui est *in causa mancipii*, et cependant *necessarius, non etiam suus heres est, tanquam servus*, remarque Gaïus. L'esclave ne jouit pas de ce bénéfice. Nous savons que le préteur lui accorde un bénéfice particulier, celui de la séparation. Ces deux bénéfices sont bien différents ; car le premier empêche que les biens du défunt ne soient vendus sous le nom de l'héritier, tandis que le second n'a pas cet effet ; car le premier s'obtient par une simple déclaration, tandis que le second doit être demandé au préteur.

Nous avons dit que l'individu *in mancipio* pouvait être affranchi comme l'esclave ; mais pour l'affranchissement *censu* il n'a pas besoin du consentement de celui sous la puissance duquel il est. Ce consenteme t nécessaire que dans deux cas :

1º Lorsque le père l'a mancipé *ea lege ut ibi remancipetur* ; car, par cette condition, le père s'est en quelque sorte réservé la puissance paternelle ;

2º Lorsqu'il a été mancipé *ex noxali causa* ; car alors la personne à qui il a été abandonné *eum pro pecunia habet.*

Enfin, la loi Furia Caninia, qui limite le nombre des esclaves qu'un testateur peut affranchir, ne s'applique pas aux individus *in mancipio testatoris*. Il en est de même des dispositions de la loi Œlia Sentia qui déclarent nul l'affranchissement fait *in fraudem creditorum vel patroni*, ou par un mineur de 20 ans en l'absence d'une juste cause approuvée par le Conseil.

Vu par le Doyen ,
CARLE.

DES ÉTRANGERS

SOMMAIRE

INTRODUCTION HISTORIQUE

PREMIÈRE PARTIE

QUI EST ÉTRANGER ?

SECONDE PARTIE

CONDITION DES ÉTRANGERS EN FRANCE.

DES ÉTRANGERS

INTRODUCTION HISTORIQUE

C'est un des traits du caractère des nations d'être gouvernées par une législation égoïste, qui n'admet pas au partage de ses bienfaits ceux qui ne font pas partie de la cité.

Chez aucun peuple, la législation ne fut aussi exclusive qu'à Rome.

Dans le territoire étroit de l'*Ager romanus*, le titre de citoyen romain avait imprimé aux lois de famille, au mariage, à la propriété, aux hérédités, aux testaments, aux aliénations, aux engagements, à la religion, en un mot, à toutes les institutions, un caractère de force et de rudesse qui ne tient compte ni de la voix de la nature, ni des liens du sang, ni de l'opinion, ni de l'équité communes.

Religion, famille, propriété, n'existaient que pour les citoyens romains. — L'étranger aurait vainement aspiré à la jouissance de ces droits.

Pour donner une véritable idée de l'esprit de cette législation, il suffit de rappeler ce mot de la loi des Douze Tables : *Adversus hostem æterna auctoritas* (*hostis* répondait alors au mot *peregrinus*).

Mais bientôt, à mesure que les relations s'étendent, des rapports de plus en plus nombreux naissent avec les peuples voisins ; il faut régler ces rapports. — Rome reconnaît aux étrangers certains droits ; elle introduit dans sa législation la théorie *du droit des gens* et du *droit privé*.

Le droit des gens est l'ensemble des règles privées qui, par leur nature, doivent être l'apanage de tout homme. Il appartient à tous, par suite, aux étrangers. — Le droit civil continue d'être l'apanage exclusif des citoyens romains. Cette distinction si nettement établie à Rome, admise à peu près par toutes les législations, fut adoptée en France par nos anciens jurisconsultes.— En France, sous le régime féodal, d'après la jurisprudence des parlements : Aux Français seuls appartiennent les droits civils, aux étrangers les droits naturels seulement. La condition des étrangers était dure sous l'ancien droit. On appelait *Aubains*, ceux dont on connaissait l'origine ; *Epaves* ceux dont on ignorait la patrie. Ils étaient soumis à des redevances annuelles, ne pouvaient sous peine d'amende se marier qu'à des *Aubains* sans le consentement du seigneur, ne pouvaient recueillir par succession, disposer par testament. — Jusqu'en 1789, les étrangers restèrent frappés de la double incapacité de transmettre et d'acquérir par succession, soit légitime, soit testamentaire. Laissaient-ils en mourant des biens en France, leurs parents ne les recueillaient pas ; on ne faisait exception qu'en faveur de leurs enfants français, et, à défaut de ceux-ci, les biens passaient au roi. — Un Français ne laissait-il en mourant que des parents étrangers, sa succession revenait également au roi. Cette double incapacité de transmettre et d'acquérir par succession était connue sous le nom de droit d'*aubaine*. Elle était ainsi désignée parce qu'elle frappait les étrangers, les Aubains (*aubain*, de *alibi natus*).

Dans un sens général, on entendait aussi par droit d'aubaine l'ensemble des dispositions applicables aux étrangers et des droits dont ils étaient l'objet. On discute sur l'origine de ce droit d'aubaine.— Parmi les nombreuses opinions qui ont été émises, nous en citerons deux. D'après la première, son origine serait féodale. — Les seigneurs réduisaient à l'état de serfs les étrangers qui venaient s'établir sur leurs terres et s'emparaient de leurs biens.

Mais le pouvoir royal empiéta peu à peu sur les droits des seigneurs, il prit les étrangers sous sa protection ; ceux-ci ne furent plus réduits à l'état de serfs et ne purent plus se faire d'autre seigneur que le roi seul.

Une autre opinion croit retrouver le droit d'aubaine dans les coutumes de la Germanie. D'après ces coutumes, quiconque ne faisait pas partie d'une communauté d'hommes libres était ou serf ou étranger, et l'étranger qui ne faisait partie d'aucune communauté et qui ne s'en faisait pas admettre, était pour ainsi dire hors la loi et finissait par être réduit en esclavage. Comme conséquence de la position qui lui était faite, il ne pouvait disposer de ses biens. Le roi s'attribua plus tard le profit de ce droit.

Dès le quinzième siècle, on reconnaissait que le droit d'aubaine était un droit exclusivement royal.

A partir du quatorzième siècle, les étrangers étaient affranchis du servage et des droits de *chevage* (c'était un tribut annuel auquel ils étaient précédemment soumis) et de *for mariage* (c'était un droit moyennant le paiement duquel ils pouvaient être autorisés par le roi à se marier hors de leur condition). Ils n'avaient pas l'exercice de leurs droits civils, mais seulement des droits des gens. Ils étaient soumis au droit d'aubaine, contraignables par corps pour toute espèce de dettes, inhabiles à invoquer le bénéfice de la cession des biens. Plaidant comme demandeurs, ils devaient fournir la caution *judicatum solvi*; ils ne pouvaient adopter. Des édits exemptèrent du droit d'aubaine l'étranger *non-résidant au royaume*, s'il était noble, et déclarèrent *regnicoles* les étrangers qui venaient travailler aux manufactures établies dans le royaume, et à des travaux de desséchement des marais.

Dans les derniers temps de la monarchie, l'abolition du droit d'aubaine fut réciproquement convenue entre la France et les Etats voisins, sous la réserve du dixième dans les successions. Cette réserve constituait le droit de détraction; sa quotité variait d'ailleurs suivant les traités.

La Constituante supprima complétement, en 1790, les droits d'aubaine et de détraction; les étrangers restèrent soumis à la contrainte par corps, à la nécessité de fournir la caution *judicatum solvi*; ils restèrent inhabiles à invoquer la cession des biens.

La Constituante, en votant l'abolition de ces droits, était animée de l'esprit philanthropique qui avait travaillé la France pendant le dix-huitième siècle. Elle pensait que tous les peuples étaient frères, et se flatta qu'à son exemple les nations voisines abjureraient leur égoïsme national ou leurs haines, et appelleraient les Français à jouir chez elles des mêmes droits qui venaient d'être accordés à leurs membres en France.

Des considérations d'un ordre plus positif étaient aussi venues s'ajouter à ces considérations philanthropiques : le droit d'aubaine rapportait très-peu au trésor et il était contraire aux intérêts du royaume, parce qu'il éloignait les étrangers qui auraient eu l'intention d'acheter des immeubles en France et de s'y établir.

Les peuples étrangers n'avaient pas entendu l'appel que leur avait adressé l'Assemblée de 1790. Celle-ci s'était montrée généreuse à leur égard; ils ne l'imitèrent pas et n'admirent nullement les Français au bénéfice de leurs lois civiles. Aussi, les rédacteurs du code Napoléon ne voulant pas que la France fût dupe, substituèrent une générosité relative à ce système de générosité absolue; ils organisèrent, par l'article 11, une réciprocité analogue à celle qu'on avait déjà pratiquée dans les derniers temps de la monarchie. Sous l'empire du code, l'étranger ne peut pas acquérir par succession; il peut transmettre par succession à ses parents Français. Ses biens ne passeront à l'État qu'à défaut de parents Français. Le code n'a donc pas rétabli le droit d'aubaine, puisqu'en vertu de ce droit l'État succédait à l'étranger, à l'exclusion de ses parents Français (autres, toutefois, que ses propres enfants).

En ce qui touche les donations, le code s'est montré plus sévère à l'égard des étrangers que l'ancien droit. On considérait, autrefois, la faculté d'acquérir ou de transmettre par acte entre vifs comme un droit naturel qui devait, comme tel, appartenir aux étrangers, et la faculté de transmettre ou d'acquérir par succession comme un droit civil qui devait, comme tel, n'appartenir qu'aux membres de la nation, à l'exclusion des étrangers.

Le code, au contraire, prive l'étranger, en l'absence d'un traité, du droit d'acquérir même par donation (article 912); l'étranger peut, dans tous les cas, disposer de ses biens en faveur des Français.

Depuis la loi de 1819, les étrangers succèdent, disposent et reçoivent comme les Français, indépendamment des traités. On critique l'intitulé de cette loi dite : *Abolition du droit d'aubaine et de détraction*. Ce droit, en effet, avait été aboli en 1790 et n'avait pas été rétabli par le code puisque, d'après lui, le fisc ne vient .pas au préjudice de tous héritiers, mais seulement en l'absence de tous héritiers Français. Ceux qui critiquent cet intitulé, font observer toutefois qu'on entendait par droit d'aubaine, d'une manière générale, l'incapacité de l'aubain d'acquérir ou transmettre par succession, et que la loi de 1819, en relevant l'étranger de l'incapacité de recueillir une succession, abolit la fraction du droit d'aubaine qu'avait conservée le code civil. Le législateur de 1819 fut déterminé par des considérations d'un autre ordre que le législateur de 1790. Après les guerres de l'Empire, les capitaux étaient rares ; les étrangers qui en étaient possesseurs n'osaient pas les placer dans notre industrie ou acquérir des biens en France, à cause de l'incapacité de transmettre dont ils étaient frappés. De là, la loi de 1819.

Le droit d'aubaine n'est pas aboli dans les colonies Françaises, car, les lois qui l'ont aboli en France, n'ont pas été promulguées dans les colonies.

———

PREMIÈRE PARTIE

Qui est étranger ?

La qualité d'étranger découle soit de la naissance, soit d'un événement postérieur.

CHAPITRE PREMIER.

ÉTRANGERS DE NAISSANCE.

1. — D'après notre ancien droit, les enfants nés en France de parents étrangers étaient Français *jure soli*. Cette règle qui faisait dépendre la nationalité de l'enfant du lieu de sa naissance se rattachait au principe territorial de la féodalité; elle existe encore en Angleterre.

Le Code civil a rejeté cette règle et a posé ce principe qu'on ne devait considérer que l'origine des parents pour déterminer la nationalité de l'enfant. Il vaut mieux, en effet, rattacher l'enfant à la patrie de son père ou de sa mère, que de le lier au sol sur lequel le hasard a voulu qu'il naquît.

Cependant la circonstance qu'un enfant est né sur le sol français produit un double effet :

1º Cet enfant pourra devenir Français par le bienfait de la loi; l'étranger ordinaire ne le devient que par la naturalisation. Nous reviendrons sur ce point en traitant le chapitre suivant ;

2º Cette circonstance fera présumer, jusqu'à preuve contraire, si ses père et mère sont inconnus, que l'enfant est né de parents Français.

2. — Le principe que l'origine seule de l'enfant détermine sa nationalité ne présente aucune difficulté si le père et la mère sont tous les deux étrangers. Que décider si l'un est étranger, l'autre Français? L'enfant sera-t-il Français ou étranger ?

Distinguons : 1. L'enfant est né en légitime mariage.

2. L'enfant est né hors mariage et il a été reconnu par sa mère seulement, ou par son père seulement, ou à la fois par son père et par sa mère.

1° L'enfant né d'un légitime mariage suit l'origine de son père. — Le père est en effet le chef de la famille; il exerce la puissance paternelle; il transmet à l'enfant son nom pour le perpétuer; il doit donc lui transmettre aussi sa nationalité. Cet enfant sera donc étranger si son père est étranger, quelle que soit la nationalité de sa mère.

2° L'enfant né hors mariage, suivra la condition de sa mère s'il n'a été reconnu que par elle. Il sera étranger si elle est étrangère. Il suivra la condition de son père s'il n'a été reconnu que par lui, et il sera étranger comme lui, car il sera né d'un étranger (article 9).

Mais que déciderons-nous si l'enfant a été reconnu par son père Français et sa mère étrangère, ou par son père étranger et sa mère Française ?

Première opinion. — L'enfant suivra la condition du père. En effet, comme le père légitime, le père naturel exerce la puissance paternelle ; comme l'enfant légitime, l'enfant naturel prend le nom de son père. Si l'enfant né du concubinat ne suivait pas en droit romain la condition du père, cela vient de ce que, en droit romain, il n'existait aucun rapport de puissance paternelle entre l'enfant naturel et son père.

Un arrêt de la cour de Douai de 1835 a été rendu dans ce sens.

Deuxième opinion. — Nous pensons que l'enfant doit suivre la condition de la mère. Le principe *partus ventrem sequitur* était admis sans contestation en droit romain et dans notre ancienne jurisprudence. Il était absolu et s'appliquait même au cas qui nous occupe, au cas où l'enfant était reconnu à la fois

par son père et par sa mère. Rien, dans notre législation nouvelle, ne contredit ce principe.

On objecte que l'enfant naturel doit suivre la nationalité de son père parce qu'il prend son nom. Mais sa nationalité est, au contraire, indépendante du nom qu'il porte : si l'enfant naturel a été reconnu d'abord par sa mère dans son acte de naissance, il prendra le nom de sa mère ;

S'il est plus tard reconnu par son père, cette reconnaissance ne saurait avoir pour effet de le dépouiller du nom sous lequel il est inscrit dans son acte de naissance, et, bien plus, il ne pourra abandonner ce nom qu'avec l'autorisation de la justice.

Si la loi confie au père la puissance paternelle, c'est qu'elle le présume plus capable que la mère d'exercer cette autorité. On ne saurait conclure de ce fait qu'elle ait voulu abroger la règle *partus ventrem sequitur.*

Dans le système contraire, cette reconnaissance constituerait un nouveau mode de naturalisation. Or, la loi n'en parle et ne l'autorise nulle part.

Comment admettre, enfin, qu'un Français pourrait à son gré conférer sa nationalité à un étranger, et réciproquement qu'un étranger pourrait dénationaliser un Français par une simple reconnaissance ?

3. Que déciderons-nous si, dans l'intervalle de la conception à la naissance, la personne dont l'enfant doit suivre la condition a changé elle-même de nationalié ? Nous placerons-nous à l'époque de la conception ou à celle de la naissance pour régler l'état de l'enfant ?

Première opinion. — Nous pensons qu'il faut se placer à l'époque de la conception si l'enfant doit suivre la condition du père, de la naissance s'il doit suivre celle de la mère.

Cette opinion reproduit la théorie romaine qui peut se justifier ainsi : Dès l'instant de la conception, l'enfant est indépendant de son père. C'est au moment de la conception que le père lui communique le principe de la vie, et avec elle le germe de la nationalité. On objecte le texte des articles 9 et 10 qui paraissent

ne s'attacher qu'au fait de la naissance. Tout enfant né d'un
étranger (article 9)... tout enfant né d'un Français (article 10)...
On répond facilement à cette objection par l'observation
suivante :

Si le père d'un enfant conçu meurt quelques jours après sa
conception, cet enfant, devant suivre la condition de son père
dans notre hypothèse, sera étranger (tout le monde l'admet), si
son père était encore étranger au moment de sa mort; et, cependant, en s'en tenant à la lettre des articles 9 et 10, il faudrait
dire que cet enfant n'a pas de patrie, puisqu'au moment de la
naissance de l'enfant, son père étant mort n'avait plus lui-même
de patrie. Or, cette conclusion est inadmissible.

Ainsi, la Cour de Caen a décidé que les enfants nés après
l'émigration de leurs père et mère, ont la nationalité qu'avaient
leurs parents avant l'émigration, s'ils ont été conçus à une
époque qui lui est antérieure.

Si au contraire l'enfant doit suivre la condition de la mère, il
faudra se placer au moment de la naissance, car jusqu'à la naissance l'existence de l'enfant est liée à celle de la mère ; jusque-
là l'enfant et la mère ne font qu'une seule personne.

Deuxième opinion. — L'enfant ne sera étranger qu'autant
que la personne dont il doit suivre la condition sera restée
étrangère de la conception à la naissance aux yeux de la loi
française. La nationalité française est préférable à toute autre ;
c'est pourquoi, par application de l'ancien principe, *infans conceptus pro nato habetur quoties de commodis ejus agitur.*

L'enfant sera Français si la personne dont il doit prendre
l'état a été Française au moment de sa conception, de sa naissance, ou entre sa conception et sa naissance.

Troisième opinion. — On doit s'attacher toujours au moment
de la naissance de l'enfant pour déterminer sa nationalité. En
effet, jusqu'à sa naissance l'enfant fait un avec sa mère ; jusque-
là il ne compte pas dans la société, il n'a pas d'existence juridique. La fiction *infans conceptus* n'est écrite nulle part, et la
loi, en l'admettant dans le cas des articles 725, 906 en ma-

tière de donation et de testament, l'exclut implicitement pour les autres cas.

D'ailleurs, la fiction *infans conceptus* empruntée au droit romain n'empêchait pas qu'à Rome l'enfant né hors mariage ne suivît la condition qu'avait sa mère lors de l'accouchement.

Ce système s'appuie sur ce que l'enfant n'est qu'une seule et même personne avec sa mère jusqu'à sa naissance. On peut objecter que la loi pénale punit (art. 317) de la peine de la réclusion la femme qui s'est procuré l'avortement.

Donc, pour elle, la mère et l'enfant sont deux êtres distincts. La loi punirait-elle la mère si elle ne considérait l'enfant dans le sein de sa mère comme déjà indépendant d'elle, comme appartenant déjà à la société. Chacun est maître de son corps. Si l'enfant conçu n'est qu'une partie du corps de la mère, se confondant avec lui à l'égal d'un membre quelconque de ce corps, la loi devrait-elle punir la mère qui, par l'avortement, ne fait qu'exposer son corps à la souffrance ?

4. — L'enfant né en France de parents qui n'ont plus de patrie est-il étranger ? — Oui, car, d'après l'article 10, est Français l'enfant né d'un Français. Or, on suppose précisément que les parents ne sont pas Français aux yeux de la loi ; ils sont étrangers quoique n'ayant plus de patrie et ils resteront étrangers tant qu'ils n'auront pas accompli les formalités de la naturalisation pour acquérir la nationalité française.

5. — Nous avons déjà dit que l'enfant trouvé est Français, parce qu'on présume jusqu'à preuve contraire qu'il est né de parents Français. Un décret de 1793 avait déclaré que les enfants trouvés porteraient le titre d'*enfants naturels* de la patrie.

6. — Que déciderons-nous si les lois de deux pays différents revendiquent le même individu ? Ainsi, l'enfant né d'un Français en Angleterre est Français *jure sanguinis* d'après la loi française, Anglais *jure soli* d'après la loi anglaise. Une opinion laisse le choix à l'enfant qui sera traité comme étranger s'il opte à sa majorité pour la nationalité étrangère. Mais nous pen-

sons au contraire qu'il est Français aux yeux de la loi française, et doit être traité comme tel, car on ne peut perdre cette qualité de Français et devenir étranger que par l'un des moyens énoncés dans les articles 17 et 18. La faculté d'opter à l'époque de la majorité n'est laissée par l'article 9 qu'à l'étranger en France.

CHAPITRE II.

ÉTRANGERS PAR UN ÉVÉNEMENT POSTÉRIEUR A LA NAISSANCE.

7. — Deviennent étrangers :

1° Les habitants d'un territoire annexé à une nation étrangère;

2° La femme Française qui épouse un étranger (article 19);

3° L'individu né en France d'un étranger qui lui-même y est né, si lors de sa majorité il réclame la qualité d'étranger (loi 7-12 février 1851).

4° Celui qui se fait naturaliser en pays étranger.

5° Celui qui accepte sans l'autorisation du gouvernement français des fonctions publiques conférées par un gouvernement étranger.

6° Celui qui fait en pays étranger un établissement sans esprit de retour.

7° Le Français qui, sans l'autorisation de son gouvernement, prend du service militaire à l'étranger ou s'affilie à une corporation militaire étrangère.

La constitution de l'an VIII déclarait encore étranger le Français s'affiliant à une corporation étrangère qui supposait des distinctions de naissance. Cette disposition a été abrogée par la loi de 1807 qui a rétabli les majorats.

Nous allons étudier en détail les sept cas cités plus haut.

§ 1.

On devient étranger par une séparation de territoire.

Ce cas n'a pas été prévu par le code Napoléon.

8. — Il n'y a pas à distinguer entre le cas où la portion de territoire a été séparée par la conquête, et le cas où elle l'a été par la voie diplomatique, par un traité de puissance à puissance. Les habitants de cette portion de territoire deviennent étrangers à la France, s'ils y conservent leur domicile. Il y a, dans ce cas, une naturalisation collective, comprenant tous ceux qui se trouvent attachés par le domicile au territoire conquis ou cédé, et ne s'appliquant qu'à ceux-là. C'est avant tout le sol qui est dénaturalisé ; les individus ne perdent leur nationalité que secondairement. C'est une conséquence de la séparation du territoire.

9. — Contrairement à ces principes, lors du démembrement de 1814, la loi de 1814 considéra comme redevenus étrangers même ceux des habitants des provinces séparées qui avaient formé des établissements dans l'intérieur du royaume. Toutefois elle leur permit, dans le cas où ils avaient déjà résidé pendant 10 ans en France depuis l'âge de 21 ans, de continuer à jouir des droits civils et politiques, sous la condition de déclarer, dans les trois mois de la publication de la loi, qu'ils persistaient à se fixer en France, et d'obtenir des lettres de *déclaration de naturalité*. Ces lettres qui déclarent un état préexistant, diffèrent des lettres de naturalisation qui n'attribuent qu'un droit nouveau. — Ceux qui ne firent pas cette déclaration devinrent étrangers, leurs enfants majeurs le devinrent également. Il en est de même des enfants mineurs de ceux qui restèrent Français en profitant du bénéfice de la loi de 1814. Car la loi ne prend pas en considération la volonté du chef de famille quand il s'agit d'acquérir une nationalité, mais seulement la volonté de la personne dont la nationalité est en question. La nationalité, en effet, est une question, une qualité

personnelle, une partie essentielle de l'état des enfants. La loi qui la leur confère, ne donne à aucun représentant le pouvoir de l'aliéner en leur nom. La loi du 7 février 1851 affirme ce principe, quand elle déclare que les enfants de l'étranger naturalisé pourront réclamer, après leur majorité, la qualité de Français. Ainsi, en principe, le démembrement d'une partie du territoire français, fait perdre la qualité de Français non-seulement au chef de famille devenu Français par la réunion, mais encore à ses enfants majeurs ou mineurs. Elle les rend étrangers.

L'enfant mineur pourra acquérir la qualité de Français, conformément à l'article 9.

Le système de la loi de 1814 était rigoureux, puisque, contrairement au droit commun, cette loi dénationalisait même les personnes des provinces séparées qui étaient établies en France, sauf à elles à faire la déclaration prescrite. Ainsi, les habitants des départements autrefois réunis à la France et alors séparés avaient eu des enfants; ces enfants étaient nés en France et de parents Français; ils étaient domiciliés dans l'intérieur du royaume, et, cependant, la loi de 1814 les déclare étrangers ! Ce système est non-seulement rigoureux, il est injuste, car les événements politiques ou militaires qui agissent sur les territoires et les masses, en les séparant d'une nation pour les réunir à une autre, ne devraient pas avoir pour effet de rechercher personnellement les individus qui n'habitent plus le territoire annexé.

L'article 4 de la loi du 31 décembre 1849 a abrogé cette loi de 1814.

10. — D'après le traité de paix conclu entre la France et la Prusse en 1871, les Français originaires des territoires cédés qui ont voulu conserver la nationalité française, ont pu faire cette option, jusqu'au 1ᵉʳ octobre 1872, par déclaration à la mairie de leur résidence. Tout individu né dans les territoires cédés a dû faire une déclaration d'option, alors même que lors de l'annexion il n'aurait plus eu son domicile dans ces territoires. Les mineurs

ont dû et pu faire cette déclaration avec le concours de leurs tuteurs, les femmes mariées avec l'assistance de leurs maris ; mais aucune déclaration d'option n'a été imposée au Français qui, lors de l'annexion, avait son domicile dans ces territoires et qui n'y était pas né. Les sujets Français, originaires de l'Alsace-Lorraine, ont été réputés sujets Français pendant le délai fixé pour l'option en faveur de la nationalité française.

Si un étranger s'est fait naturaliser Français, et si, postérieurement à sa naturalisation, son pays originaire a été réuni à la France, la rupture de cette réunion n'influera pas sur cette nationalité. Il restera Français.

§ 2.

La femme française qui épouse un étranger suivra la condition de son mari (dit l'article 19).

11. — Comment entendre cet article ? signifie-t-il que la femme, par le fait de son mariage, se trouvera investie de la nationalité de son nouveau mari ? mais les lois des autres pays n'admettent pas toutes ce résultat. Ainsi, d'après la loi anglaise, la femme Française qui épouse un Anglais ne devient pas Anglaise, et nos lois ne peuvent rien contre cette loi de l'Angleterre.

Quelle sera donc la position de cette femme ?

En Angleterre, elle n'a aucune nationalité. Elle n'est pas Anglaise, puisqu'on n'y admet pas que la femme suit la condition de son mari ; elle n'est pas Française, puisque notre loi lui enlève cette qualité. Mais, en France, notre loi la déclare Anglaise, et il n'y a pas à rechercher si ailleurs on lui conteste oui ou non cette qualité. Elle sera donc traitée comme Anglaise ; elle sera régie, quant à son état et à sa capacité, par la loi personnelle de son mari : la loi de l'Angleterre.

Notre article ne signifie donc pas que la femme acquiert toujours par le mariage la nationalité de son mari, mais simplement qu'elle perdra sa nationalité de Française.

12. — La femme qui épouse un étranger devient étrangère, car ce mariage est de sa part une renonciation libre à sa qualité de Française. Mais si, mariée d'abord à un Français, son mari se faisait naturaliser étranger, elle ne deviendrait pas étrangère comme lui; elle resterait Française, car il est de principe que le changement de patrie est un fait personnel et volontaire. La seule volonté du mari ne peut dépouiller la femme de sa qualité de Française qui lui est essentiellement personnelle.

Quelques arrêts sont cependant contraires à cette opinion; mais on peut objecter qu'ils sont rendus spécialement en application de la loi de 1814 relative au démembrement des anciennes provinces, réunies à la France depuis 1791. Les considérants d'un de ces arrêts sont, en effet, les suivants :

« Attendu que le sieur ..... est étranger puisqu'il n'a pas obtenu *les lettres de déclaration de naturalité* ni même continué à résider en France ;

» Attendu que la dame ..... est elle-même étrangère puisque (article 19) la femme mariée à un étranger suit la condition de son mari ;

» Attendu qu'il importe peu que le sieur ..... ait eu la qualité de Français à l'époque de son mariage, car il l'a perdue ;

» Attendu que, bien que la dame ..... ne pût prévoir un tel changement, ce serait tomber dans un grave inconvénient que de s'autoriser de cette considération pour porter atteinte à l'association conjugale...» (C. Metz, 1825).

13. — Si la femme qui épouse un étranger est mineure, perd-elle la qualité de Française ?

Oui, parce que : 1° L'article 10 ne distingue pas entre le cas où elle est majeure et le cas où elle est mineure. Il est absolu.

2° L'approbation des personnes dont le consentement est requis pour la validité du mariage rend le mineur aussi capable que le majeur, quant au mariage. Il doit donc en subir tous les effets comme le majeur.

14. — Le mariage contracté par une femme Française est déclaré nul. La femme est-elle devenue étrangère ? Devra-t-elle,

pour recouvrer sa qualité de Française, rentrer en France, avec l'approbation du gouvernement, en déclarant qu'elle veut s'y fixer ?

Non, car cette femme n'a jamais été étrangère ; elle est restée Française. Un mariage nul ne saurait, en effet, produire aucun effet civil, et la perte de la qualité de Français est un des effets civils de ce mariage.

Mais ne peut-on pas considérer ce mariage comme constituant de la part de la femme un établissement en pays étranger, *sans esprit de retour ?* Nous ne le pensons pas. Par le fait de son mariage, la femme a dû se considérer comme privée de sa qualité de Française. Comment dès lors lui supposer la volonté de cet établissement sans esprit de retour, à l'effet de perdre cette qualité dont elle se croyait déjà dépouillée ?

Toutefois, on pourrait induire des circonstances postérieures à la nullité prononcée du mariage, l'intention de la femme de former à l'étranger un établissement sans esprit de retour, et la femme deviendrait alors étrangère, par application de l'article 17 dont nous parlerons plus loin.

15. — Le mariage putatif sera-t-il suffisant pour opérer le changement de nationalité de la femme ? Nous pensons que oui. En effet, les articles 201 et 202 sont absolus et décident que le mariage déclaré nul produit néanmoins ses effets civils à l'égard de l'époux de bonne foi, et le changement de nationalité est un effet civil du mariage.

16. — D'après l'article 19, la femme française qui épouse un étranger devient étrangère. D'après l'article 12, l'étrangère qui épouse un Français devient Française. Ces deux articles sont fondés sur une même présomption, la présomption que la femme qui se marie renonce à sa nationalité pour prendre celle de son époux.

Mais dans le cas de l'article 12, cette présomption n'est pas invincible ; l'article 12 est un article de faveur. La France ne s'impose pas ; la femme étrangère qui épouse un Français restera étrangère, si elle déclare expressément que telle est sa volonté.

L'article 19 est au contraire un article de rigueur. Il prononce une déchéance contre la femme française qui épouse un étranger. Cette déchéance, c'est la perte de sa qualité de Française qu'il lui retire ; la femme ne peut pas s'y soustraire, car son mariage la place sous la dépendance d'un étranger, et notre loi pense qu'elle n'est plus ni capable, ni libre de remplir ses devoirs envers sa première patrie.

17. — L'étrangère devenue Française par son mariage avec un Français, redeviendra-t-elle étrangère par le décès de son mari ?

Non, elle est devenue Française par le fait de son mariage ; elle ne pourra redevenir étrangère qu'en vertu d'une cause reconnue par la loi. Il n'y a pas dans ce cas de disposition semblable à l'article 19 d'après lequel la femme, devenue étrangère par son mariage avec un étranger, recouvre la qualité de Française si elle réside en France au moment de la mort de son mari.

18. — Aux termes de la loi de février 1851, l'individu né en France d'un étranger qui lui même y est né sera étranger, si, dans l'année qui suivra l'époque de sa majorité telle qu'elle est fixée par la loi française, il réclame la qualité d'étranger par une déclaration faite devant l'autorité municipale au lieu de sa résidence, ou devant les agents diplomatiques accrédités en France par le gouvernement étranger.

Nos législateurs, qui ont abrogé en principe la règle d'après laquelle la nationalité étrangère se perd *jure soli*, par la naissance sur le sol français, ont cependant accordé à cette naissance sur le sol français certains effets, et le cas que nous traitons en est un. L'individu né en France d'un étranger qui lui-même y est né, est Français, sous la condition résolutoire de la déclaration qu'il fera lors de sa majorité. Jusqu'à cette déclaration, il est Français.

19. — Au contraire, l'individu né en France d'un étranger qui n'y est pas né, pourra réclamer la qualité de Français dans l'année qui suivra sa majorité (article 9); mais, jusque-là, il est

Français sous la condition suspensive de l'option qu'il devra faire à cette époque.

Ainsi, avant cette déclaration, le premier est un Français, le second est un étranger.

Il en résulte :

1° Que le premier doit obtenir les avantages de la qualité de Français dont le deuxième ne pourra pas jouir. On cite généralement l'exemple suivant qui a donné lieu à des jugements et à des arrêts. Le premier, dit-on, pourra se présenter à l'école polytechnique; le deuxième ne le pourra pas, car les Français sont seuls admissibles à cette école;

2° Que le premier doit supporter les charges de la qualité de Français, charges dont le deuxième est exempt; c'est ainsi qu'il est soumis à la loi du recrutement. — Cette opinion est cependant contestée, et on soutient, en s'appuyant sur les paroles du rapporteur de cette loi, que la commission avait voulu laisser à la loi spéciale sur le recrutement le soin de régler l'appel et le *tirage au sort des étrangers devenus Français faute d'une déclaration d'extranéité.*

L'obligation du service militaire ne peut être appliquée, dit-on, à celui qu'une simple déclaration peut rendre étranger, tant qu'il peut faire cette déclaration. Il nous paraît toutefois que l'individu né en France d'un individu qui, lui-même, y est né, est Français, aux termes de la loi : il n'est pas un étranger devenu Français faute d'une déclaration d'extranéité, comme le disait le rapporteur de la commission. Etant Français, il doit être soumis aux charges qui découlent de cette nationalité.

20. — La loi de 1851 s'applique-t-elle à l'enfant né en France dans l'hôtel d'un ambassadeur, d'un étranger né lui-même en France? Ce qui pourrait en faire douter, c'est que, d'après le droit des gens, l'hôtel de l'ambassadeur est considéré comme faisant partie du territoire de la nation qu'il représente. Mais l'hôtel n'est censé un sol étranger que relativement à la personne de l'ambassadeur et à sa suite; il faut donc décider que la loi de 1851 s'appliquera dans ce cas.

Si l'enfant conçu en France est né en pays étranger, sera-t-il sous le coup de la loi de 1851 ? *Non*, car la loi de 1851 exige que l'individu soit né en France. Elle l'exige parce que la nature nous attache toujours au lieu de notre naissance. La loi ne pouvait pas faire dépendre la nationalité d'un individu d'un fait aussi obscur et aussi contestable que la conception.

§ 3.

Naturalisation acquise en pays étranger.

On ne peut avoir deux patries : le Français qui se fait naturaliser en pays étranger devient étranger ; mais il faut qu'il s'agisse ici d'une véritable naturalisation.

Une simple abdication expresse ne suffirait pas pour faire perdre au Français sa qualité. La loi exige qu'il y ait expatriation, *ou bien une suite de faits exclusifs de l'esprit de retour, ou bien une naturalisation formelle.* Le Français qui obtiendrait seulement du gouvernement d'un pays étranger la jouissance des droits civils ne deviendrait pas étranger parce qu'il ne serait pas naturalisé dans ce pays.

Nous citerons comme exemple le Français qui obtient en Angleterre la *dénization.* La dénization est l'autorisation accordée par le roi d'établir son domicile en Angleterre et d'y jouir des mêmes libertés et priviléges que les Anglais. Elle répond à l'autorisation que, chez nous, le gouvernement peut accorder d'après l'article 13. La dénization s'obtient par lettres-patentes du roi, tandis que la naturalisation est accordée par un bill du parlement. Le Français à qui elle a été accordée n'étant pas naturalisé en Angleterre reste Français.

Il faut de plus que sa naturalisation ait été *acquise* (article 17) c'est-à-dire sollicitée par le Français et accordée par le gouvernement étranger. Le Français ne perdrait pas sa qualité si une loi étrangère le déclarait étranger à l'occasion de certains faits que la loi française ne reconnaît pas comme entraînant la perte de cette qualité. Ainsi, d'après la loi espagnole, un établissement de commerce dans ce pays, rend Espagnol le Français qui l'a formé. D'après nos lois, au contraire, ce Français, qui aura fondé cet établissement, n'aura pas perdu sa nationalité.

22. — Il importe de distinguer si le Français s'est fait naturaliser étranger *avec* ou *sans* l'autorisation de son gouvernement.

Dans le premier cas, il a la condition d'un étranger ordinaire ; il perd les droits civils français, mais le code le traite favorablement, en lui accordant à lui et à ses enfants des facilités pour redevenir Français (articles 10 et 18). Le décret de 1811 lui laisse le droit de « *posséder, transmettre, succéder, quand même les sujets du pays où il serait nationalisé ne jouiraient pas de ces droits en France* » (article 3) ; et permet à ses enfants « *de recueillir les successions et exercer tous les droits qui seront ouverts à leur profit pendant leur minorité et dans les dix ans qui suivront leur majorité accomplie* » (article 4). Le décret était donc favorable aux Français naturalisés avec l'autorisation du gouvernement, puisqu'à cette époque, les étrangers ne pouvaient acquérir en France par succession et par donation. L'autorisation était accordée par des lettres-patentes, insérées au Bulletin des Lois, et enregistrées à la Cour d'appel du dernier domicile de celui qui la demandait.

23. — Dans le deuxième cas, au contraire, le décret de 1811 déclare que le Français naturalisé *sans* autorisation « *sera déchu de ses titres, perdra ses biens qui seront confisqués, n'aura plus le droit de succéder, et que les successions qui viendront à lui échoir passeront à celui qui doit les recueillir après lui pourvu qu'il soit regnicole* » (article 6) ; qu'il sera déchu de ses titres et décorations, expulsé de France, s'il y rentre, et, en cas de récidive, puni d'une détention de un à dix ans.

Toutefois, le Français pourra être relevé de ces déchéances par des *lettres de relief* accordées par le chef de l'Etat. Ces lettres le rétabliront dans les droits que l'application du décret lui aurait enlevés. Ce décret ne s'applique pas aux femmes.

24. — Ce décret est-il encore en vigueur ?

Et d'abord, a-t-il jamais eu une existence légale ?

Oui, car conformément à la constitution de l'an VIII, les décrets législatifs qui n'ont pas été attaqués dans un délai de 10 jours, pour inconstitutionnalité, ont acquis force de loi.

M. Valette objecte que ce décret ne pouvait pas être attaqué par le tribunal pour inconstitutionnalité, puisque le tribunal avait été supprimé en 1807 ; que le gouvernement pouvait, il est vrai, d'après la constitution de l'an VIII, déférer de son côté au Sénat les actes qu'il jugeait inconstitutionnels, mais que cette raison était bien faible, puisque c'était ses propres actes que le gouvernement demeurait chargé, depuis la suppression du Tribunat, de dénoncer pour inconstitutionnalité.

Nous pensons cependant, avec la jurisprudence, que ce décret a eu force de loi, et qu'il n'est abrogé que dans ses dispositions qui sont incompatibles avec des lois postérieures.

Nous examinerons ici deux questions :

1° La charte de 1814 a aboli la confiscation. En quoi a-t-elle modifié le décret de 1811 ? L'individu devenu étranger par une naturalisation non autorisée du gouvernement conservera-t-il ses biens, ou sa succession s'ouvrira-t-elle au profit de ses héritiers ? La question ne peut plus faire doute, depuis l'abolition de la mort civile par la loi du 31 mai 1854 ; mais nous pensons que, même avant cette loi, il fallait décider que l'abolition de la confiscation devait profiter au Français naturalisé, à l'effet de lui conserver ses biens. Le décret de 1811, en effet, n'avait pas prononcé la dissolution du mariage, l'ouverture de la succession, mais seulement la confiscation des biens. La confiscation supprimée, les biens devaient rester à leur propriétaire.

2° Le décret de 1811 frappait de l'incapacité de succéder le Français naturalisé sans autorisation. Peut-il invoquer le bénéfice de la loi de 1819, qui permet aux étrangers de succéder en France ? *Oui*, dit-on dans une opinion, car la loi de 1819 vise tous les étrangers, et le Français naturalisé sans autorisation est étranger. Il faut d'ailleurs interpréter dans son sens le plus large cette loi favorable, et restreindre autant que possible le décret si rigoureux de 1811. Une autre opinion soutient la négative, et fait remarquer que la loi de 1819 abroge seulement les articles 726, 912, C. N. Si l'étranger, dans ce cas particulier, ne succède pas en France, ce n'est pas à cause du droit commun contenu dans les articles 726, 912. Il est incapable à titre de peine, conformément au décret de 1811. Son incapacité tient à sa désobéissance à une loi prohibitive, désobéissance dont on a voulu le punir. Avant 1819, il n'eût pas pu succéder, à la faveur des traités ; et la loi de 1819 a eu pour but de suppléer les traités avec tous les peuples.

C'était au ministère public qu'il appartient de provoquer l'application de ce décret sauf le cas où la partie civile l'aurait invoqué comme intéressée à recueillir une succession à l'exclusion d'un Français frappé par ce décret.

Le décret de 1811 s'applique aussi aux individus étrangers par une naturalisation antérieure ; il leur accordait cependant un délai pour obtenir du gouvernement l'autorisation de rester dans le pays où ils s'étaient fait naturaliser. Les décrets de 1812, 1813 prorogèrent ces délais chacun d'une année.

25. — Les effets de la naturalisation sont exclusivement personnels à celui qui l'a obtenue. A Rome, les pérégrins qui obtenaient le droit de cité ne l'obtenaient que pour eux seuls ; il en était de même dans notre ancien droit. Le code est resté fidèle à ces principes, car partout il montre la nationalité s'acquérant au moment du mariage ou de la naissance, et les faits postérieurs au mariage ou à la naissance restent sans influence sur cette nationalité. Si donc un chef de famille se fait naturaliser étranger, et s'il n'a pas sollicité la naturalisation pour chacun des membres de sa famille, la loi française le considèrera seul comme étranger, et, quant à elle, sa famille sera restée Française.

26. — Quelles sont les personnes qui ont la capacité de changer leur nationalité ?

La loi française d'une part, la loi du pays étranger dont le Français veut acquérir la nationalité, d'autre part, déterminent cette capacité — nous n'avons à parler ici que de la capacité au point de vue de la loi française. — Notre loi refuse cette capacité :

1° Aux enfants mineurs ;

2° Aux femmes mariées.

Quant aux enfants mineurs, il n'y a pas de divergences d'opinions entre les auteurs. Mais quant aux femmes mariées ?

Un premier système pense que la femme ne peut pas avoir de nationalité différente de celle de son mari ; qu'en se mariant elle est investie de la nationalité de son mari, et que le mari, sans le concours de sa femme, peut changer la nationalité commune. Dans ce premier système, la femme mariée n'a jamais que la nationalité de son mari, et ne peut jamais en avoir d'autre.

Un second système soutenu par M. Blondeau admet que les époux peuvent avoir des nationalités différentes. Les articles 12, 19 sont fondés sur une présomption de volonté, et si nous considérons un homme et une femme mariés, Français tous les deux, nous pensons comme cet auteur :

1° Qu'il ne dépend pas du mari de faire changer sa femme de nationalité, car on ne ne peut pas admettre qu'une femme ait abandonné au caprice de son époux le droit qu'a toute personne de changer de patrie ; qu'elle ait accepté d'avance et aveuglément les conditions que, dans l'avenir, le mari aura la fantaisie de prendre. Le changement de nationalité ne saurait dépendre que de la volonté personnelle de l'intéressée ; personne, en France, n'ayant le droit de modifier l'état et la capacité d'autrui.

2° Que la femme peut, elle-même, solliciter une naturalisation en pays étranger. Elle devra demander l'autorisation de son mari ou de justice si elle n'est pas séparée de corps. Si elle est séparée, M. Blondeau la dispense de cette autorisation. Sur ce point, il nous paraît que l'autorisation de justice est au moins nécessaire, car la séparation de corps ne dissout pas le mariage ; elle ne fait qu'en relâcher les liens ; elle laisse subsister la puissance maritale.

8

§ 5.

Devient étranger le Français qui accepte, sans l'autorisation de son gouvernement, des fonctions publiques conférées par un gouvernement étranger. (Article 17).

27. — Il importe que le gouvernement français s'assure que les nouvelles fonctions conférées par le gouvernement étranger permettent à celui qui les obtient de remplir ses devoirs envers la France. L'article parle de fonctions publiques et par là il entend particulièrement les fonctions publiques administratives et judiciaires et les services auprès des princes étrangers. Tout le monde admet qu'on ne devient pas étranger en exerçant hors de France les professions d'avocat, d'instituteur, de médecin, car ce sont des fonctions libres et non publiques. Toutefois, si on était attaché à un hôpital public étranger, si on était professeur ou ministre d'un culte, et si, dans ces derniers cas, on était soumis à la prestation de serment, si l'on recevait un traitement du gouvernement étranger, il conviendrait de demander l'autorisation du gouvernement français, lors même que le serment prêté n'aurait rien d'incompatible avec les devoirs du Français envers la France.

§ 6.

Devient étranger le Français qui fait à l'étranger un établissement sans esprit de retour. Les établissements de commerce ne pourront jamais être considérés comme ayant été faits sans esprit de retour. (Article 17).

28. — Quels sont les établissements faits sans esprit de retour ?

La loi ne le dit pas et ne pouvait le dire. C'est un point de fait abandonné à l'appréciation des magistrats qui décideront d'après les circonstances.

L'esprit de retour sera d'ailleurs toujours présumé, et la

preuve incombera à celui qui prétendra que le Français ne l'ayant pas eu est devenu étranger.

L'article 17 *in fine* décide que les établissements de commerce ne seront jamais considérés comme faits sans esprit de retour. Comment comprendre ce paragraphe ?

Première opinion. — Il signifie que l'établissement de commerce, tant qu'il sera seul, ne suffira jamais à prouver l'absence de l'esprit de retour. Mais si, à cet établissement, se joignent d'autres circonstances qui accusent la perte de l'esprit de retour, cet établissement, aussi bien que tout autre, pourra être considéré comme fait sans esprit de retour.

Deuxième opinion. — Il signifie qu'on ne pourra pas prouver contre un Français qui a fait à l'étranger un établissement de commerce, qu'il a perdu l'esprit de retour et qu'il est devenu étranger. Nous nous rallions à ce système. Il est conforme au texte de l'article 17 : « *L'établissement de commerce, dit-il, ne peut jamais être considéré comme fait sans l'esprit de retour.* » Il est absolu. D'après cet article, on devient étranger par un établissement fait en pays étranger. Dans quel cas ? Quand il est fait sans esprit de retour. On ne devient pas étranger quand l'établissement est un établissement de commerce. Pourquoi ? Parce qu'il ne peut jamais être considéré comme fait sans l'esprit de retour. Ce système est encore conforme à l'historique de la rédaction de l'article : « Nulle preuve ne pourra être alléguée contre le Français à raison d'un établissement de commerce fait à l'étranger », disait M. Boulay dans son exposé des motifs. De deux choses l'une : l'établissement de commerce n'est-il qu'un accessoire dans l'établissement que le Français a formé à l'étranger, la preuve de l'absence de l'esprit de retour devra être fournie indépendamment de l'établissement commercial ; est-il au contraire le but essentiel en vue duquel le Français est établi à l'étranger, il n'y a plus qu'un établissement de commerce absorbant en lui tous les faits secondaires qui l'accompagnent, les expliquant, les justifiant, contre lequel on ne peut prouver la perte de l'esprit de retour.

Enfin cette opinion a l'avantage d'être favorable au développement du commerce; le Français qui fondera un établissement commercial dans un pays lointain ne craindra pas qu'on lui conteste un jour sa nationalité; il saura qu'il ne devient pas étranger et que, plus tard, il pourra revenir en France et y retrouver les avantages attachés à sa qualité de Français.

§ 7.

Devient étranger le Français qui, sans l'autorisation de son gouvernement, prend du service militaire à l'étranger, ou s'affilie à une corporation militaire étrangère. (Article 21.)

29. — Dans ce cas, la loi se montre plus sévère que dans le cas indiqué ci-dessus, où le Français devient étranger par l'acceptation non autorisée de fonctions publiques étrangères. Elle lui défend, en effet, de rentrer en France sans la permission du gouvernement, et il ne pourra recouvrer la qualité de Français qu'en remplissant les conditions imposées à un étranger ordinaire, sans préjudice des peines portées contre les Français qui portent les armes contre leur patrie.

On entend par *service militaire à l'étranger*, l'engagement dans un corps pour un temps déterminé. On ne considère pas comme entraînant pour le Français la perte de sa nationalité, son admission dans la garde bourgeoise d'une ville étrangère, ni le secours qu'il a momentanément prêté à l'un des partis qui se disputent le pouvoir dans un pays étranger. Il y a dans ce sens différents arrêts. Il a été jugé également que les mots « *au service d'une puissance étrangère* » ne doivent s'entendre que d'une puissance reconnue par la France, et non du gouvernement d'un prétendant non reconnu par elle.

On entend par corporation militaire étrangère, un ordre militaire étranger, celui de *Malte*, par exemple. Le Français qui, *avant* d'avoir pris du service militaire à l'étranger aura demandé et obtenu l'autorisation de son gouvernement, ne deviendra pas étranger. Mais cette autorisation intervenue *ex post facto* ne saurait avoir d'effet. Le Français est étranger par ce fait qu'il a pris du service militaire sans autorisation, et l'autorisation de conserver ce service n'est pas indiqué par la loi comme un des moyens par lesquels on recouvre la qualité de Français. L'autorisation sera toujours formelle, individuelle, et donnée sous condition de revenir à l'ordre de rappel fait par le gouvernement. Les décrets des 6 avril 1809 et 26 août 1811 ont modifié le code Napoléon, sous les rapports suivants :

30. — Le décret de 1809 punit de mort et de la confiscation des biens le Français au service militaire d'une puissance étrangère, *avec* ou *sans* autorisation, lorsqu'il ne quitte pas ce service et ne justifie pas de son retour en France dans les trois mois de l'ouverture des hostilités, en cas de guerre entre cette puissance et la France.

Il punit de la mort civile et de la confiscation des biens, le Français qui, remplissant des fonctions publiques, administratives ou judiciaires à l'étranger, n'est pas rentré en France dans le même délai.

Le décret de 1811 déclare que le Français qui entre au service d'une puissance étrangère, sans l'autorisation de son gouvernement, est par cela seul censé naturalisé en pays étranger, et naturalisé *sans* l'autorisation de son gouvernement ; et, s'il reste au service étranger en temps de guerre, il sera soumis aux peines portées par le décret de 1809.

Ce que nous avons dit ci-dessus du décret de 1811, s'applique au décret de 1809, et nous rappelons ici, en résumant, que, d'après la jurisprudence, ces deux décrets ont eu force de loi et qu'ils ne sont abrogés que dans celles de leurs dispositions qui sont incompatibles avec les lois postérieures ; que la charte de 1814 a aboli la confiscation, et la loi du 31 mai 1854, la mort civile.

CHAPITRE III.

COMMENT ON CESSE D'ÊTRE ÉTRANGER.

31. — On perdait la qualité d'étranger, dans l'ancien droit, par le fait de la naissance en France ; sous la constitution de 1791,

par un domicile de cinq ans en France, si on y avait acquis des immeubles ou formé un établissement , et à la condition de prêter le serment civique ; sous la constitution de 1793, par un domicile de un an en France dans le cas où on y vivrait de son travail , sans qu'il fût nécessaire de justifier de la prestation du serment civique.

§ 1.

Réunion d'un territoire étranger à la France.

32. — Cette réunion ne résulte pas d'une simple invasion, mais de la conquête consommée ou d'un traité de puissance à puissance. En principe, les habitants de ce territoire deviennent Français par suite de son annexion. Mais des lois spéciales leur accordent généralement la faculté de conserver leur nationalité primitive sous certaines conditions.

C'est ainsi que lors de la réunion de la Savoie à la France, les habitants eurent un an pour déclarer qu'ils voulaient conserver la nationalité italienne. Ceux qui sont simplement domiciliés dans le pays réuni deviennent-ils Français ? nous ne le pensons pas. Nous pensons qu'ils resteront étrangers dans le cas où le domicile ne suffit pas pour conférer la nationalité aux étrangers dans le pays réuni. Si les étrangers domiciliés étaient étrangers, au regard du souverain qui régnait sur ce territoire avant la cession ou la conquête, ils devront rester étrangers au regard du souverain qui a acquis ce territoire.

§ 2.

Naturalisation proprement dite.

33. — Dans l'ancien droit, le roi naturalisait l'étranger par lettres-patentes délivrées en grande chancellerie et enregistrées au parlement. A l'époque de la révolution on avait tellement facilité les conditions de la naturalisation , qu'elles étaient devenues dérisoires, et qu'on avait fini par enlever tout prix à la qualité de Français. C'est ainsi que la Constitution de 1793 se

contentait d'un an de séjour pour l'étranger « *vivant en France de son travail, y acquérant une propriété, y épousant une Française, adoptant un enfant ou nourrissant un vieillard.* »

La constitution de frimaire an VIII, qui forme la base du système actuel, n'impose qu'un stage de dix ans sans exiger une autorisation du gouvernement.

Un SC. du 19 février 1808, permet à l'Empereur d'accorder la naturalisation après un an de domicile aux étrangers qui auront rendu des services importants à l'État. — Une ordonnance du 3 juin 1816 déclare que pour être apte à siéger à la chambre des pairs ou des députés, il faut des lettres de grande naturalisation, délivrées par le Roi et vérifiées par les deux Chambres, mais dispensées de toute condition de stage ou autre.

34. — Aujourd'hui, deux lois fondamentales régissent la matière : la loi du 3 décembre 1849 et celle du 5 juillet 1867.

On ne distingue plus que deux espèces de naturalisation : elle est *ordinaire* ou *extraordinaire*.

L'étranger qui veut obtenir la naturalisation ordinaire doit :

1° Avoir 21 ans accomplis ; 2° obtenir du chef de l'Etat l'autorisation de s'établir en France ; 3° résider effectivement en France pendant dix ans sous l'empire de la loi de 1849 ; pendant trois ans, depuis la loi de 1867.

Lorsque ces trois conditions concourent, l'étranger doit demander la naturalisation au gouvernement, et celui-ci ne la lui accorde qu'après enquête sur sa moralité et après avis du conseil d'Etat.

Pour la naturalisation extrordinaire, l'étranger est dispensé du stage de trois ans ; une année de résidence suffit.

35. — Qu'est devenue la grande naturalisation, c'est-à-dire l'autorisation nécessaire pour conférer, d'après l'ordonnance de 1816, le droit d'éligibilité ? Existe-t-elle encore depuis la constitution de 1852 ?

Oui, d'après plusieurs auteurs, car la loi de 1849 n'a pas été abrogée, et l'article 1er de cette loi déclare que l'étranger naturalisé n'est éligible à l'Assemblée nationale qu'en vertu d'une loi.

L'on, soutiennent d'autres auteurs, avec plus de raison, croyons-nous, car le décret de 1852 déclare éligibles au Corps législatif tous les Français âgés de 25 ans, jouissant de leurs droits civils et politiques, et cette disposition générale s'appliquant également à tous les Français doit comprendre ceux qui le sont devenus par la naturalisation. — La loi de 1867 est muette sur la grande naturalisation. Si le législateur de 1867 n'en a pas parlé, c'est qu'évidemment il a dû la considérer comme abolie. D'après l'article 1er de cette loi, l'étranger naturalisé est admis à jouir de tous les droits de citoyen Français, c'est-à-dire que l'étranger naturalisé est assimilé en tous points au Français.

Nous ne faisons que mentionner un décret de novembre 1870 accordant la naturalisation à tout étranger qui aurait pris part à la défense de la France pendant la guerre 1870-1871, aussitôt après son admission au domicile sans stage.

§. 3

Bienfait de la loi ou modes particuliers de naturalisation.

36. — Les étrangers, nous l'avons vu, ne le sont pas tous au même degré. Il y en a, parmi eux, qui se rattachent à la France par certains liens plus ou moins étroits dont le législateur a tenu compte pour leur faciliter l'acquisition de la nationalité française. L'étranger né loin de France d'une famille qui n'a jamais été française, n'est certainement pas digne de la même faveur que celui qui a vu le jour sur le sol français, ou qui appartient à une famille jadis française ou qui lui-même a été français un jour.

Cette différence est sensible, et le Code l'a respectée en établissant une nuance bien tranchée entre ces deux classes d'étrangers. Aux uns, il impose les conditions rigoureuses de la naturalisation ; aux autres, il accorde des dispositions de faveur qui constituent ce que l'on appelle l'acquisition de la qualité de Français *par le bienfait de la loi* : Naissance sur le sol français, mariage avec un Français, origine française, telles sont les trois positions en vue desquelles le Code a établi des règles spéciales.

37. — 1° Nous savons que la nationalité française ne s'acquiert plus *jure soli* : L'enfant né en France d'un étranger est étranger. Toutefois, l'article 9 lui permet, dans l'année qui suivra sa majorité, de réclamer la qualité de Français, pourvu que, dans le cas où il résiderait en France, il déclare son intention d'y fixer son domicile, et que, dans le cas où il résiderait en pays étranger, il fasse soumission de fixer en France son domicile et l'y établisse dans l'année. La loi a pensé que l'on avait toujours de l'attachement pour les lieux où l'on est né, mais elle a voulu que l'étranger confirmât cette présomption par la déclaration qu'elle exige de lui de fixer son domicile en France.

Et d'abord, de quelle majorité s'agit-il ici ? Est-ce de la majorité déterminée par la loi française ?

Nous pensons au contraire que c'est de la majorité déterminée par la loi du pays auquel appartient l'étranger. En effet, il est étranger jusqu'à sa déclaration ; il est donc jusqu'à ce moment régi en France par la loi personnelle de son pays. Ce n'est qu'à partir de sa déclaration, ainsi que nous allons essayer de le prouver, qu'il deviendra Français, et à partir d'elle seulement, que sa capacité sera régie par la loi française.

38. — L'étranger qui aura fait cette déclaration sera-t-il Français pour l'avenir seulement? ou bien sera-t-il considéré comme ayant eu la qualité de Français dès le jour de sa naissance?

Cette question est très-discutée, nous pensons qu'il n'acquerra la qualité de Français que pour l'avenir ; il ne nous paraît pas admissible que la nationalité de cet individu soit en suspens pendant vingt-deux ans, et c'est ce qui arriverait si sa déclaration avait un effet rétroactif puisque son état pendant les vingt-deux premières années de sa vie dépendrait précisément de cette déclaration. Bien plus, elle pourrait être en suspens pendant un temps indéfini, illimité, car la loi de 1849 permet à cet individu de faire sa déclaration, même après l'année qui suivra l'époque de sa majorité, dans le cas où il aurait servi dans les armées de terre ou de mer, ou satisfait à la loi du recrutement sans exciper de son extranéité.

Sous l'empire du code, les étrangers étaient incapables de succéder et de recevoir à titre gratuit. Une succession peut s'être ouverte au profit de l'étranger né en France à une époque où il n'était que conçu; faudra-t-il attendre pendant vingt-deux ans sa déclaration pour savoir s'il recueillera cette succession ou bien si celle-ci reviendra à d'autres parents français du *de cujus* moins proches que lui, ou enfin au fisc? que l'on songe à tous les intérêts français privés que froisserait une telle solution!

On nous objecte, il est vrai, que depuis 1819 cet inconvénient n'existe plus, les étrangers étant, depuis cette époque, capables de succéder en France. Nous répondons que nous interprétons l'article 9, article du Code, dans l'esprit de la législation du Code, et qu'une loi postérieure comme celle de 1819 ne saurait changer sans une disposition directe le sens et la portée que l'ensemble de la législation qui lui est contemporaine attribue à cet article.

On objecte encore que le mot *réclamer*, dont se sert l'article, suppose un droit antérieur et préexistant. — Nous répondons que la phraséologie du Code n'est pas assez exacte pour fonder sur ce mot une objection sérieuse. Le mot *recouvrer* est bien plus énergique que *réclamer*, et cependant, dans l'article 10, il ne suppose aucune rétroactivité.

On objecte enfin, que l'article 20 déclarant que l'individu recouvrant la qualité de Français ne pourra s'en prévaloir que pour l'exercice des droits ouverts à son profit depuis cette époque, vise différents articles au nombre desquels ne se trouve pas l'article 9. Il n'y aura donc pas rétroactivité dans les cas que vise l'article 20; il doit au contraire y avoir rétroactivité dans le cas de l'article 9, que l'article 20 ne vise pas.

Nous répondons que l'article 20 s'est occupé des seuls cas où le souvenir du droit romain aurait pu faire naître l'incertitude, et avec elle la controverse : du cas où un Français devenu étranger recouvre la qualité de Français. On aurait pu croire qu'il recouvrerait cette qualité rétroactivement, et serait considéré, par suite d'une fiction, comme ne l'ayant jamais perdue. C'était l'effet qu'avait à Rome le *jus postliminii*. L'article 20 a voulu prévenir ce doute.

Nous remarquons, en terminant, que l'enfant né d'un ci-devant Français est traité plus favorablement que l'enfant né en France d'un étranger, puisqu'il peut, à toute époque, devenir Français en remplissant les formalités prescrites par l'article 9. Or, la déclaration qu'il devra faire n'aura pas d'effet rétroactif (articles 10 et 20). De plus, la loi de 1851 étend le bénéfice de l'article 9 à l'enfant de l'étranger naturalisé Français. L'article 9 lui conférera-t-il aussi la qualité de Français rétroactivement ? Alors, les enfants nés d'étrangers en pays étranger, qui auraient fait la déclaration prescrite par l'article 9 et par la loi de 1851, devraient être considérés comme ayant toujours été Français !

Nous n'étendons pas l'article 9 au fait de la conception en France ; l'article ne parle que de l'enfant *né*. Dans ce cas particulier, le fait de la conception est trop incertain et trop indifférent pour obtenir la faveur de l'article 9.

39. — 2° L'enfant *né en pays étranger* d'un ci-devant Français pourra toujours recouvrer cette qualité en remplissant les formalités prescrites par l'article 9 (article 10). — Cet enfant est étranger ; il le sera, alors même qu'il serait né en France ; l'article 4 le suppose *né en pays étranger*. Ces mots sont inutiles ; ils ont été probablement mis dans l'article sous l'influence de l'ancienne doctrine abrogée par le Code, en vertu de laquelle on devenait Français *jure soli*. L'enfant ne sera Français, par le fait de sa naissance, qu'autant que son père y sera né lui-même.

L'enfant né d'u mariage d'une femme française avec un étranger jouira-t-il du bénéfice de l'article 10 ?

La négative, quoique rigoureuse, nous paraît fondée ; l'article 10 suppose, en effet, un enfant *né d'un Français qui a perdu cette qualité*. Or, ici, l'enfant est *né d'un étranger*.

La loi de 1790, confirmée par la Constitution de 1791, déclarait *naturels Français* les descendants d'un Français ou d'une Française, expatriés pour cause de religion, qui reviendraient en

France pour y fixer leur domicile. Cette loi, n'ayant pas été abrogée, est encore en vigueur.

40. — 3° Les enfants de l'étranger naturalisé, quoique nés en pays étranger, pourront devenir Français en remplissant les conditions de l'article 9, à l'époque de leur majorité fixée par la loi du leur pays, s'ils étaient mineurs lors de la naturalisation, et dans l'année qui suivra la naturalisation de leur père, s'ils étaient majeurs à cette époque (L. 1851).

41. — 4° L'étrangère qui épouse un Français suit la condition de son mari. Nous avons déjà dit que cette disposition de la loi était fondée sur une présomption de volonté de la femme qui, en s'unissant à un Français, a probablement voulu s'associer à sa nationalité. L'article 12 s'applique à la femme majeure et à la femme mineure.

Nous avons exposé plus haut que la femme étrangère qui épouse un étranger n'acquiert pas la nationalité française, par cela seul que son mari se fait naturaliser en France après son mariage; qu'au cas d'un mariage putatif avec un Français, la femme reste étrangère si elle a été de mauvaise foi, devient Française si elle a été de bonne foi; qu'enfin, en cas de mariage nul, elle reste étrangère.

42. — 5° Le Français qui a perdu sa qualité de Français, peut toujours la recouvrer en rentrant en France, avec l'autorisation du gouvernement, en déclarant qu'il veut s'y fixer et renonçant à toute distinction contraire à la loi française.

Cet article ne s'applique qu'à ceux qui ont perdu la qualité de Français dans les cas prévus par l'article 17; mais l'article 21, plus sévère pour ceux qui ont pris, sans autorisation du gouvernement, du service militaire à l'étranger, les soumet aux conditions imposées à l'étranger ordinaire pour devenir Français.

Dans ce cas, cependant, le chef de l'État peut les en dispenser en leur accordant des *lettres de relief* (décret 1811).

La constitution de l'an VIII ne reconnaissant pas les distinctions de naissance, il y avait d'abord, dans le Code, des dispositions faisant perdre sa nationalité au Français qui s'affi-

liait à une corporation étrangère exigeant des distinctions de
naissance, et la dernière phrase de l'article 18 se référait à ce
cas. Napoléon ayant plus tard rétabli les titres de noblesse,
cette distinction devint sans objet;

43. — 6° La femme devenue étrangère par son mariage avec
un étranger recouvrera, si elle devient veuve, la qualité de Française, pourvu qu'à ce moment elle réside en France ou qu'elle
y rentre avec l'autorisation du gouvernement, en déclarant
qu'elle veut s'y fixer (article 19). — On admet que cette disposition s'applique à la femme divorcée, car le divorce était
admis par le Code, et, à cette époque, on considérait comme
veufs, comme libres de se remarier, les époux entre lesquels il
était prononcé. L'article s'applique lors même que le divorce
est prononcé en pays étranger. — Si la femme réside en France,
à la dissolution de son mariage, elle perdra la qualité d'étrangère et deviendra Française de plein droit *par le bienfait de la
loi;* elle n'aura aucune déclaration à faire.

Quel sera l'effet du recouvrement de la qualité de Française
par cette femme à l'égard de ses enfants? — Tout le monde admet que le changement d'état de la mère ne peut changer l'état
de ses enfants majeurs. Quant à ses enfants mineurs, il faut
donner la même décision, conformément aux principes que nous
avons cités plus haut, car ils sont étrangers; leur nationalité est
une qualité personnelle dont la loi ou leur volonté peut seule les
dépouiller; leur mère ne peut aliéner leur qualité en leur nom.

44. — L'étranger établi en France à perpétuelle demeure sans
esprit de retour dans sa patrie; l'étranger qui a perdu sa nationalité et qui en France a les mêmes mœurs et les mêmes intérêts que les Français, devra-t-il être considéré comme étranger ou comme Français si ni lui, ni ses auteurs n'ont rempli les
formalités exigées par la loi pour la naturalisation?

Cette question est controversée.

Première opinion. — Il devra être considéré comme Français, surtout s'il a été soumis aux mêmes charges que les Français, s'il a servi dans les armées, satisfait à la loi du recrutement,

obtenu des fonctions publiques; ayant supporté les mêmes charges, il est juste qu'il jouisse des mêmes bénéfices. Il a une longue possession d'état de la qualité de Français; cette possession d'état justifie de son attachement pour la France, à la bonne et à la mauvaise fortune de laquelle il s'est depuis si longtemps associé.

Deuxième opinion. — Nous partons de ce fait qu'il est prouvé que cet individu est d'origine étrangère et que ni lui ni aucun de ses auteurs n'a été naturalisé en France, et, dès lors, interprétant rigoureusement la loi, nous décidons qu'on doit toujours le considérer comme étranger. La loi a déterminé d'une manière limitative les différentes façons de devenir Français, et, nulle part, sauf dans l'hypothèse de l'article 12, elle ne tient compte de la seule résidence en France, quelque longue qu'elle puisse être. — L'opinion contraire se fonde sur ce que les étrangers ont, depuis longtemps, supporté les charges de l'État. Nous répondons que le plus souvent il n'en est pas ainsi. Les étrangers sont attirés sur notre sol par nos lois libérales et hospitalières qui leur accordent presque les mêmes droits qu'aux Français; mais, quand viennent les charges, ils savent opposer leur extranéité afin de s'y soustraire. La loi de 1830 est peut-être la seule qui leur impose une charge en soumettant au service de la garde nationale les étrangers jouissant des droits civils conformément à l'article 13, quand ils possèdent en France une propriété, ou quand ils y ont formé un établissement. — Nous pensons donc que ces individus doivent être traités comme des étrangers ordinaires. Quant à leur capacité, s'ils n'ont plus de patrie, elle sera réglée par la loi française.

La loi de 1851 a diminué le nombre d'individus qui étaient dans cette situation, en déclarant Français celui qui est né en France d'un étranger qui lui-même y est né, s'il ne réclame pas dans l'année qui suivra sa majorité.

Par la naturalisation, l'étranger ne devient Français que pour l'avenir; les lettres de naturalité, sous l'empire de la loi de 1814 avaient un effet rétroactif; mais la loi de 1814 a été abrogée.

SECONDE PARTIE

De la condition des étrangers en France.

---

45. — Avant de dire quels sont les droits dont jouissent les étrangers, quelles sont les obligations auxquelles ils sont soumis, quelle loi les régit, il faut d'abord distinguer les droits divers qui appartiennent à tout homme.

Il y a des lois qui régissent les rapports de la société avec les individus ; il y en a d'autres qui règlent les rapports des individus entre eux. Les premières forment le droit public ; les deuxièmes, le droit privé.

Au point de vue du droit public, il n'y a pas de distinction à faire entre les étrangers qui ont une résidence passagère en France et ceux qui ont un domicile fixe en France ; la situation de tout étranger est la même au point de vue du droit public.

Parmi les droits publics, il y en a qui sont liés à l'organisation et au mécanisme du gouvernement ; il y en a d'autres qui représentent la part de liberté dont les particuliers doivent faire le sacrifice à l'intérêt général et la portion de liberté qu'ils peuvent conserver sans nuire au bien commun.

Les premiers sont les droits politiques ; les seconds, les droits publics proprement dits.

Les droits politiques sont absolument refusés aux étrangers.— Pour être appelé à la jouissance et à l'exercice de ces droits, il faut avant tout faire partie de la nation au gouvernement de laquelle on prétend concourir ; il faut être membre de la grande famille, partager ses passions, ses sentiments, connaître ses besoins et ses intérêts. — Les droits politiques sont le patrimoine propre de chaque nation.

Les droits publics, au contraire, tels que la liberté individuelle, la liberté de penser, la liberté de conscience, sont inhérents à la dignité de l'homme ; ils appartiennent à toute l'humanité ; ils profitent à quiconque se trouve sur le territoire du peuple qui les a une fois reconnus.

L'étranger étant exclu des droits politiques ne peut, par conséquent, être ni électeur, ni éligible, ni remplir aucune fonction administrative, militaire, ecclésiastique ou judiciaire.

Nous examinerons plus loin si, dans l'ordre des fonctions judiciaires, les étrangers sont aptes à certains actes et à certaines fonctions qui ont à la fois un caractère public et privé.

Au point de vue des droits publics, la situation de tout étranger est identique. — Au point de vue du droit privé, certains étrangers obtiennent une faveur que d'autres n'ont pas ; cette faveur tient à une question de domicile.

Parmi les étrangers, les uns ont une résidence en France, mais ne l'ont pas dénoncée au gouvernement, en lui demandant de la sanctionner ; les autres ont demandé au gouvernement le droit de résider en France. Ils ont acquis par cela même certaines faveurs dont les premiers ne jouissent pas.

CHAPITRE I.

DE L'ÉTRANGER NON AUTORISÉ A ÉTABLIR SON DOMICILE EN FRANCE.

46. — Ici se pose une double question :

1° Quelle est l'aptitude de l'étranger, ou, en d'autres termes, quels sont les droits civils dont il jouit ?

2° En vertu de quelle loi exerce-t-il ces droits ? Quelle est la loi qui lui est applicable ?

SECTION I.

QUELS SONT LES DROITS CIVILS DONT JOUIT L'ÉTRANGER ?

47. — Cette question a donné naissance à plusieurs systèmes :

Premier système. — Il faut distinguer entre les droits *naturels* et les droits *civils*. L'étranger jouit des droits qui, sanctionnés seulement par la loi civile, dérivent du droit des gens.

Ce système s'appuie sur le droit romain qui distingue le *jus civitatis* et le *jus gentium* et sur l'autorité des anciennes traditions de notre jurisprudence.

Mais la distinction qu'il fait entre les droits civils et les droits naturels est pleine de vague. A quel signe reconnaître les droits civils et les droits naturels ? Quelle incertitude pour le jurisconsulte et pour le magistrat ! Cette différence entre le droit civil et le droit des gens est peu conforme à nos lois et à nos mœurs actuelles.

Deuxième système. — Ce second système, consacré par un arrêt de la Cour de cassation, ne reconnaît aux étrangers, en l'absence de traités, que les droits qui leur sont accordés par une disposition expresse de la loi : Un étranger revendique un droit ; le fonde-t-il sur un traité, sur une disposition expresse de notre loi ? Il pourra l'exercer ; sinon, non !

Ce système est trop absolu, car il enlève aux étrangers les droits civils qui découlent, qui sont un corollaire nécessaire des droits que le législateur leur a accordés. Les étrangers pouvant être en France propriétaires, créanciers, débiteurs, doivent pouvoir invoquer les moyens de conserver, de faire valoir, de prouver, de transmettre ces droits, à moins de disposition contraire de la loi. Ce qui le prouve, c'est que le Code qui leur avait reconnu le droit d'être propriétaires d'immeubles en France, leur a défendu, par des dispositions privatives, d'acquérir des immeubles par succession ou par donation. Il leur a reconnu le droit d'être créanciers, de traduire les Français devant les tribunaux de France pour l'exécution de leurs obligations, mais il apporte à l'exercice de ce droit des restrictions. Ainsi, l'étranger demandeur fournira la caution *judicatum solvi ;* l'étranger défendeur sera assigné devant le tribunal du domicile du Français demandeur.

Troisième système. — Les étrangers jouissent en France des droits civils, à l'exception de ceux qui leur sont refusés par une disposition expresse de la loi. En principe, les étrangers sont capables ; leur incapacité constitue l'exception. Ils ne jouiront des droits qui leur sont refusés qu'autant que la concession leur en aura été accordée par un traité.

Lorsqu'on fit les articles 8 et 11, le Tribunat demanda qu'on énumérât les droits qui seraient réservés aux Français, et ceux dont jouiraient les étrangers. On lui répondit, par l'organe de M. Grenier, *que les droits dont les étrangers seraient privés seraient marqués dans les titres du Code qui y auraient trait.* Ce système est donc conforme à l'esprit des législateurs.

Il admet que les étrangers peuvent se marier, ester en justice, acquérir et disposer par les modes organisés par la loi française et qu'elle ne leur ôte pas, être créanciers, tuteurs, débiteurs, adoptants, etc. Les seuls droits civils dont ils ne jouissent pas sont les suivants sous le Code :

1° Ils n'ont pas le privilège *actor sequitur forum rei* ;

2° Plaidant comme demandeurs, ils doivent fournir la caution *judicatum solvi* ;

3° Ils ne peuvent pas acquérir par succession ou donation (abrogé par la loi de 1819) ;

4° Ils sont contraignables par corps dans les cas où les Français ne le seraient pas (abrogé par la loi de 1867) ;

5° Quand leur dette est exigible, ils peuvent être arrêtés en vertu d'une simple ordonnance du président du tribunal (abrogé par la loi de 1867) ;

6° Ils ne jouissent pas du bénéfice de la cession des biens (article 905). Ceci n'a plus d'intérêt depuis la suppression de la contrainte par corps (l. 1867).

7° Leur état et leur capacité sont régis par la loi de leur pays.

Depuis la loi de 1819, les droits dont ils ne jouissent pas ne sont plus qu'au nombre de six et au nombre de trois depuis la loi de 1867. C'est la jouissance de ces droits que des traités pourront leur accorder conformément à l'article 11.

Quatrième système. — Les étrangers ne jouissent en France que des droits civils qui leur sont accordés par des traités ou par des dispositions *expresses* ou *implicites* de la loi française. L'incapacité de l'étranger est la règle et sa capacité l'exception,

En effet, tout Français jouit des droits civils (article 8); donc en principe l'étranger n'en jouit pas. Les étrangers jouissent des droits qui lui sont accordés par un traité, conformément à l'article 11. La réciprocité dont parle l'article 11 est une réciprocité convenue, une réciprocité diplomatique. Alors même que les Français jouiraient à l'étranger de certains droits civils, les individus originaires de ce pays n'auraient pas en France la jouissance des mêmes droits, en l'absence d'un traité. Sans cela, autant voudrait dire que les gouvernements étrangers pourraient accorder à leurs nationaux, en France, les droits civils qui leur plairaient.

Les étrangers jouiront encore des droits qui leur sont accordés expressément par les lois françaises:

Le décret de 1808 leur permet d'acquérir des actions de la Banque de France.

Le décret de 1810 leur permet d'obtenir des concessions de mines.

La loi de 1819 leur donne le droit de succéder, disposer, recevoir comme les Français.

La loi de 1850, (art. 78), le droit d'ouvrir et de diriger des établissements d'instruction primaire ou secondaire aux conditions déterminées par un règlement délibéré en conseil supérieur.

Les étrangers peuvent obtenir un permis de chasse, faire le commerce, invoquer les stipulations du cahier des charges d'une compagnie du chemin de fer et se plaindre devant les tribunaux de l'inexécution de ces stipulations.

Le décret du 28 mars 1852 leur a reconnu le droit de propriété littéraire et le droit de poursuivre les contrefacteurs de leurs ouvrages publiés ou non en France, pourvu que le dépôt en ait été opéré en France, conformément à la loi de 1793.

Enfin, la loi de 1857 a accordé aux étrangers qui possèdent en France des établissements de commerce ou d'industrie, la propriété de leurs marques pour les produits de leurs établissements, s'ils remplissent les formalités qu'elle prescrit (article 5). Les étrangers et les Français dont les établissements sont situés hors de France ont également la propriété de leurs marques pour les produits de ces établissements, si, dans les pays où ces établissements sont situés, des conventions diplomatiques ont établi la réciprocité pour les marques françaises. Dans ce cas, le dépôt des marques étrangères doit avoir lieu au greffe du Tribunal de commerce du département de la Seine.

Nous disons maintenant que les étrangers jouissent de droits qui leur sont accordés tacitement, quand ces droits sont la conséquence, le corollaire d'autres droits principaux et concourent à leur exercice.

Les articles 3, 14, 15, leur reconnaisent le droit d'être propriétaires, créanciers, débiteurs; ils leur accordent par cela même les droits au moyen desquels la propriété s'acquiert, se conserve et se transmet; les créances et les dettes se forment et s'éteignent ainsi que les droits qui permettent de prouver les différentes causes d'acquisition, d'aliénation, d'obligation et de libération reconnues par la loi française. Les étrangers pourront vendre, donner en antichrèse les immeubles qu'ils possèdent en France, les hypothéquer. Ils peuvent invoquer la prescription soit acquisitive, soit libératoire. Pothier ne leur reconnaissait que le droit d'invoquer cette dernière parce que, disait-il, elle est de droit naturel, tandis que l'usucapion est de droit civil. Mais nous avons repoussé cette distinction entre les droits naturels et les droits civils : la prescription est un moyen d'acquérir la propriété, et, ce droit de propriété appartenant aux étrangers, la prescription par laquelle elle s'acquiert doit également leur appartenir. Ils peuvent posséder des servitudes réelles; car celles-ci ne sont qu'un démembrement du droit de propriété; ils peuvent, par la même raison, être investis d'un droit d'usufruit, d'habitation, d'usage.

La loi de 1703 les excluait du partage des biens communaux; mais on admet qu'ils participent aux jouissances communales auxquelles donnent droit l'habitation ou la qualité de propriétaires dans la commune, telles que le droit de parcours et la vaine pâture et l'affénage, s'ils sont domiciliés dans la commune.

48. — *Successions indivises entre Français et étrangers.* — Avant la loi de 1819, l'étranger ne succédait en France qu'en

vertu de l'article 11. L'article 726, abrogé par cette loi, renvoyait en effet formellement à l'article 11. La réciprocité qu'exigeait l'article 726 dans les successions indivises entre les Français et les étrangers, était une réciprocité non-seulement d'Etat à Etat, mais encore d'individu à individu, c'est-à-dire que, si le Français était exclu par la loi de son cohéritier étranger, alors même que cette exclusion tiendrait à son âge ou à son sexe, cet étranger était lui-même incapable de succéder en France. Depuis la loi de 1819, les étrangers succèdent de la même manière que les Français ; mais l'étranger auquel est échue une succession ouverte en France doit subir le concours de parents Français que la loi française appelle à cette succession avec lui, alors même qu'il les excluait d'après la loi de son pays. Si la succession indivise comprend des biens situés en France et à l'étranger, les cohéritiers français prélèveront sur les biens situés en France une portion égale à la valeur des biens situés en pays étranger, dont il seront exclus, à quelque titre que ce soit, en vertu des lois et coutumes légales.

49. — *Théorie des statuts.* — L'étranger est apte à exercer un droit ; il peut être propriétaire, par exemple. Mais d'après quelle loi exercera-t-il ce droit? Sera-ce d'après la loi de son pays, ou d'après la loi française ? *Jus special seu ad personas seu ad res*, c'est-à-dire qu'une loi a trait aux personnes ou bien aux choses. De là, la distinction entre le statut personnel et le statut réel. — Le siège de la matière se trouve dans les deuxième et troisième paragraphes de l'article 2 du Code civil :

« Les immeubles, même ceux possédés par un étranger, sont régis par la loi française. — Les lois concernant l'état et la capacité des personnes, régissent les Français, même résidant en pays étranger. »

Les lois personnelles sont celles qui règlent l'état et la capacité des personnes, qui déterminent leur condition dans la société ; les lois sur la nationalité, la filiation, la puissance maritale ou paternelle, la majorité, l'interdiction, sont des lois personnelles.

Les lois réelles s'occupent des biens : telles sont les lois qui règlent le mode de transmission, d'acquisition des biens, qui déterminent les biens qui sont ou ne sont pas susceptibles d'hypothèques.

Il est presque impossible qu'une loi parle d'une personne, sujet d'un droit, sans parler en même temps des choses, objets de ce droit. A quel signe reconnaître que cette loi, qui s'occupe à la fois des personnes et des biens, est personnelle ou réelle? Elle ne peut être que l'un ou l'autre, car on ne reconnaît pas de statut mixte. On distinguera le caractère de cette loi en recherchant son but essentiel, principal et final. Son but essentiel est-il de régler l'état de la personne et ne s'occupe-t-elle des biens qu'accessoirement? Elle est personnelle. Affecte-t-elle directement les biens? Elle est réelle.

Ainsi, la loi sur les successions *ab intestat*, sur la réserve, est réelle, car son objet immédiat c'est de régler la dévolution des biens. Est réelle la loi qui détermine la part de l'enfant naturel reconnu dans la succession de ses père et mère; car cette loi n'a pas eu pour but d'affecter la capacité des parents, en leur défendant de disposer, au profit de leur enfant, au-delà d'une certaine quotité : au moment, en effet, où ils disposent, on ne sait encore si la disposition est nulle ou valable en tout ou en partie. La question que traite cette loi est seulement une question de distribution de biens *ab intestat*.

50. — Les lois qui accordent au père ou à la mère l'usufruit des biens de leurs enfants, et à la femme mariée, au mineur, à l'interdit, une hypothèque légale, sont-elles réelles ou personnelles? Le père étranger aura-t-il l'usufruit des biens de ses enfants situés en France. La femme, le mineur, l'interdit étrangers auront-ils hypothèque sur les biens de leur mari, tuteur, situés en France?

Première opinion. — La loi qui attribue au père l'usufruit paternel, à la femme, à l'interdit, au mineur, une hypothèque légale, sont des lois de la propriété et non de la personne, réelles et non personnelles. Le père, la femme, le mineur, l'interdit diront à la loi française : Vous nous reconnaissez comme père, mineur, interdit ; mes fils, mon mari, mon tuteur, possèdent des biens en France, et vous accordez au père sur ces biens un droit d'usufruit ; à la femme, au mineur, à l'interdit, un droit d'hypothèque ; cette loi forme un statut réel, car le statut réel frappe les biens, abstraction faite de leur propriétaire ; car la loi qui détermine les biens susceptibles d'hypothèque et la manière dont l'hypothèque peut être constituée est réelle.

Deuxième opinion. — Les parents étrangers n'auront cet usufruit, les femmes mariées, mineurs, interdits étrangers, n'auront cette hypothèque, qu'autant que la loi personnelle de leur pays qui règle leur état et leur capacité leur reconnaîtra cet usufruit ou cette hypothèque.

En effet, ces lois appartiennent au statut personnel ; les étrangers étant régis en France par la loi personnelle de leur pays, ne peuvent avoir cet usufruit ou cette hypothèque qu'autant que celle-ci leur reconnaît le droit d'en être investis ; si elle leur reconnaît ce droit, elle peut recevoir son application sur des biens situés en France, puisque, dans ce cas, loin d'être en opposition avec la loi française, elle est en harmonie avec elle.

Troisième opinion. — Une troisième opinion, que nous croyons plus fondée, soutient la négative. Les lois dont il est ici question appartiennent au statut personnel et non au statut réel. Elles appartiennent au statut personnel, parce que leur but essentiel et final, quand elles accordent au père l'usufruit, est de régler la puissance paternelle et de déterminer ses droits. Cet usufruit, en effet, n'est pas un véritable usufruit ; il est un attribut de la puissance paternelle ; il en est une conséquence, et la loi sur la puissance paternelle est une loi personnelle. — A la différence de l'usufruit ordinaire, l'usufruit légal n'est pas dans le commerce ; il n'est pas cessible ; il n'est pas susceptible d'hypothèque ; il a des modes particuliers d'extinction, et il finit, par exemple, avec la puissance paternelle.

Quand la loi donne à la femme mariée, au mineur, à l'interdit une hypothèque sur les biens du mari ou des tuteurs, qui ne voit que sa préoccupation se porte tout entière sur cette femme, ce mineur, cet interdit, dont elle veut protéger les intérêts ? qui ne voit que cette hypothèque fait partie du système par lequel la loi organise l'état et la capacité de ces personnes ? qu'elle n'est qu'une disposition accessoire de la loi personnelle sur le mariage, la minorité, l'interdiction ?

On objecte : les étrangers peuvent avoir, sur les biens situés en France, des privilèges, des hypothèques conventionnelles et judiciaires ; pourquoi n'auraient-ils pas une hypothèque légale dans le cas qui nous occupe ? — Il est vrai que les étrangers peuvent avoir des privilèges et des hypothèques conventionnels et judiciaires sur les biens situés en France. Cela s'explique : il serait injuste de refuser à l'étranger le privilège du vendeur ou du copartageant. Puisqu'on lui permet de vendre, on doit lui donner, pour le paiement du prix, une garantie autre que l'action en résolution, afin que son contractant ne puisse lui faire perdre le bénéfice qu'il a retiré du contrat. Il importe qu'il ait le privilège du copartageant, afin qu'il ait recours efficace contre ses copartageants en cas d'éviction. Ce privilège est la sanction du droit que la loi française lui reconnaît d'être copropriétaire de biens situés en France. Quant à l'hypothèque conventionnelle, elle est le fruit du contrat que l'étranger a passé en France, contrat que valide l'article 7 du Code civil. Enfin, on ne pouvait refuser à l'étranger l'hypothèque judiciaire, puisque l'article 15 lui permet de traduire son contractant devant un tribunal français. — Mais il n'en est plus de même pour l'hypothèque de la femme et du mineur étrangers. Accorder à ceux-ci une hypothèque légale serait leur donner des garanties que leur législation personnelle ne leur donne peut-être pas, en leur en fournissant d'autres. Les créanciers Français du mari ou du tuteur pourraient ainsi être fraudés : la femme et le mineur opposeraient en effet leur hypothèque légale sur les biens situés en France, et quand les créanciers voudraient poursuivre le mari ou le tuteur sur les biens situés à l'étranger, ils trouveraient la même opposition sous une autre forme, ou les biens auraient disparu, et ils n'auraient pas, contre cette aliénation faite en fraude de leurs droits, la ressource de l'action Paulienne.

Pour ce qui concerne l'hypothèque de la femme étrangère, nous ajouterons : l'article 2121 qui vise l'hypothèque légale de la femme mariée, établit celle-ci comme une sorte d'indemnité pour le système d'incapacité introduit contre la femme française par les articles 212 et suivants. La loi française qui a constitué le mari chef de l'association conjugale, ne pouvait retirer à la femme la capacité qu'elle avait, sans lui donner une protection spéciale qui lui permit de ne pas subir les suites de la mauvaise gestion de son mari. Mais, quant à la femme étrangère, elle est régie par son statut personnel ; les articles 212 et suivants ne la concernent pas; comment donc l'article 2121 la concernerait-il ?

51. — Cette distinction entre les lois réelles et personnelles est très-importante. En effet, les lois réelles, avons-nous dit, régissent les immeubles situés en France, même ceux qui appartiennent à des étrangers. Les lois personnelles, au contraire, ne régissent que les Français, et les étrangers en France sont gouvernés, quant à leur état et à leurs capacités, par la loi de leur pays. Nous démontrerons cette proposition un peu plus loin; nous allons d'abord rechercher les effets de la loi réelle :
1° Quant aux immeubles ; 2° Quant aux meubles.

52. — 1° *Quant aux immeubles.* — Les lois réelles de la France régissent les immeubles, même ceux appartenant à des étrangers. Un étranger ne peut donc concéder, sur ses immeubles situés en France, des servitudes qui, autorisées par la loi de son pays, ne le sont pas par la loi française. De même, la loi française ne reconnaissant que trois classes d'immeubles, un étranger ne pourrait faire considérer comme bien de cette nature, d'après sa loi, un bien qui ne rentrerait pas dans l'une de ces trois classes, par exemple, les rentes foncières, ou exercer sur ses biens situés en France les droits féodaux qui lui sont attribués par sa loi nationale ; de même, les substitutions fidéicommissaires ne peuvent valoir, quant aux immeubles que l'étranger possède en France, que sous les conditions

imposées par la loi française ; de même encore, les enfants de l'étranger recueillent par égales portions les immeubles situés en France, alors même que la loi de leur pays leur accorderait des parts inégales ; de même enfin, l'étranger est soumis, pour les immeubles qu'il possède en France, à la contribution foncière des portes et fenêtres et aux prestations en nature pour l'entretien des chemins vicinaux.

53. — Les immeubles situés en pays étranger appartenant à des français sont-ils régis par la loi étrangère ? Nous pensons que *oui*, car les lois d'un pays ne sauraient avoir d'autorité sur les territoires d'un autre pays, et de même que la loi française n'admet pas que la loi étrangère puisse atteindre aucune portion du territoire français, elle ne saurait prétendre elle-même à aucune autorité sur les territoires étrangers. Mais, toutefois, nous avons vu que, d'après la loi de 1819, au cas de partage d'une même succession entre des cohéritiers étrangers et Français, ceux-ci prélèveront sur les biens situés en France une portion égale à la valeur des biens situés en pays étranger dont ils seraient exclus, à quelque titre que ce soit en vertu des lois et coutumes locales. Des termes généraux de cette loi, on a conclu que, si une succession comprenant des immeubles situés en France et à l'étranger est échue à des cohéritiers Français et étrangers, chaque statut réel ne régira pas la transmission des immeubles soumis à son empire, mais que le statut réel français modifiera en partie le statut réel étranger, en donnant aux Français sur les biens situés en France la portion dont ils seraient privés sur les biens situés à l'étranger.

54. — 2° *Quant aux meubles.* — Tout le monde admet que les meubles considérés individuellement — même ceux appartenant à un étranger, — sont régis par la loi française. Ils sont soumis à nos lois sur les privilèges, la prescription, etc. Le privilège du bailleur s'exercera sans difficulté sur les meubles d'un locataire étranger. Mais quant aux meubles considérés comme universalité, quant à leur transmission par succession, quelle loi leur appliquerons-nous ?

Premier système. — La loi française. — Les lois étrangères ne sauraient avoir d'effet en France. Autrefois, il est vrai, la fiction *mobilia ossibus personœ inhærent* soumettait les meubles au statut réel du propriétaire ; mais alors chaque province avait ses coutumes et ses lois particulières, et en appliquant cette fiction on ne portait aucune atteinte à l'autorité du souverain. Aujourd'hui, au contraire, cette autorité serait violée, si on appliquait cette fiction entre deux états indépendants l'un de l'autre ; enfin, l'administration des domaines perçoit un droit de mutation, indistinctement sur toutes les transmissions de meubles.

Deuxième système. — La loi étrangère. — L'article 3, en effet, n'a soumis à la loi française que les immeubles ; les meubles ne sont pas régis par elle. Susceptibles de nombreux déplacements, les meubles n'ont pas de situation fixe ; c'est pour cela que l'ancien droit les réputait situés au domicile de leur propriétaire ; nous ne voyons nulle part rien qui puisse faire penser que le Code a abandonné cette ancienne règle.

Cette règle est d'ailleurs équitable, car elle ne fait pas dépendre du décès fortuit du propriétaire dans une ville étrangère le droit de ses successeurs ; elle est de plus fondée sur l'intérêt commun des peuples ; c'est *un acte de courtoisie* (Merlin). M. Demolombe adopte en principe ce deuxième système. Toutefois, il ne l'appliquerait pas à l'égard des nations qui suivraient chez elles un principe contraire.

Effets des lois personnelles.

55. — Nous avons dit plus haut que les étrangers étaient soumis en France aux lois de leur pays réglant leur état et leur capacité. — Quelques auteurs soutiennent que les étrangers sont soumis aux lois personnelles françaises pour les actes qu'ils peuvent faire en France. Ils se fondent sur ce que les lois étrangères n'étant pas connues chez nous, les Français contractant avec des étrangers pourraient être trompés, et sur ce que le projet

du Code portait que l'étranger ne serait soumis à la loi française que pour *les biens qu'il possèderait en France et pour sa personne pendant sa résidence.*

Nous pensons notre opinion préférable. Elle se déduit sans peine de l'article 3 : cet article commence par déclarer que les lois de police et de sûreté obligent tous ceux qui habitent le territoire ; il ajoute que les immeubles, même ceux possédés par les étrangers sont régis par la loi française, et enfin que les lois concernant l'état et la capacité des personnes régissent les Français même en pays étranger. Il y a antithèse évidente entre les deux premiers paragraphes et le dernier qui ne parle que de Français. De plus, dans le projet, l'article 3 était ainsi conçu : « Les lois obligent *indistinctement* tous ceux qui habitent le territoire » ; et M. Tronchet fit rejeter cette rédaction en observant que *les étrangers n'étaient pas admis aux lois civiles réglant l'état des personnes.*

Enfin, cette opinion est fondée sur l'intérêt commun des nations.

Cette opinion admise, elle conduit aux conséquences suivantes :

1° Si un étranger, capable de se marier, d'après notre loi, ne l'est pas d'après la loi de son pays, l'officier de l'état civil devra refuser de passer outre à la célébration ;

2° Le testament fait par un étranger capable de tester d'après notre loi, incapable d'après la loi de son pays, ne devra pas être exécuté, même sur les biens situés en France ;

3° La femme mariée étrangère pourra ester en justice en France, si cette capacité lui est reconnue par sa loi, et ne pourra se prévaloir à l'égard des tiers du défaut d'autorisation ;

4° Le mariage contracté par un étranger en France n'entraîne pas la légitimation des enfants naturels nés de lui et de la femme qu'il a épousée, si la loi de son pays n'admet pas la légitimation par mariage subséquent ;

5° L'étranger qui, dans son pays, est capable ou incapable

d'administrer ses biens selon son âge ou sa qualité, l'est aussi à l'égard des biens qu'il possède en France ;

6° L'étranger qui se marie en France n'est pas émancipé par son mariage si sa loi personnelle n'admet pas l'émancipation par le mariage ;

7° Les jugements ou actes étrangers desquels résulte l'état d'interdiction d'un étranger sont exécutoires en France, sans être soumis à l'application des articles 546, C. pr., et 2123, C. N. Quelques auteurs soutiennent cependant la négative et déclarent que s'il n'y a pas eu homologation des tribunaux français l'incapacité de l'interdit ne va pas jusqu'à le priver de l'administration de ses biens situés en France.

Dans le cas d'une convention synallagmatique, la capacité des contractants se règle par le statut personnel de chacune des parties.

9° Le contrat de mariage de deux époux s'interprètera et se suppléera, s'il n'a pas été écrit, par la loi du domicile matrimonial, c'est-à-dire du lieu où les époux avaient l'intention de fixer leur domicile et l'ont fixé. On n'aura pas égard au domicile d'origine du mari, au lieu de la célébration, à la résidence actuelle des époux. Les époux étrangers pourront invoquer en France, quant à leur capacité, et quant à l'aliénabilité ou l'inaliénabilité de leurs biens, les règles du statut matrimonial sous lequel ils sont mariés.

Nous apporterons toutefois le tempérament suivant à cette opinion. Si la loi étrangère consacre un état que notre loi considère comme contraire à l'ordre public, cette loi étrangère ne sera pas respectée. Ainsi, un étranger ne pourra contracter en France un second mariage avant la dissolution du premier, dans le cas où la loi de son pays autoriserait la polygamie.

Une circulaire ministérielle de 1824, exige même que deux étrangers voulant se marier en France obtiennent des dispenses, dans les cas déterminés par la loi française, bien qu'il s'agisse ici, en définitive, d'une question de capacité personnelle. Cette circulaire se justifie par ce motif que les règles sur les dispenses intéressent l'ordre public et les bonnes mœurs.

56. — Un étranger divorcé par les lois de son pays, pourra-t-il contracter mariage en France avec une étrangère ou même avec une Française? Nous pensons que *oui*. Le divorce ne doit pas être traité comme la polygamie. — La polygamie est repoussée par toutes les nations civilisées ; le divorce, au contraire, est admis par plusieurs législations en Europe, il l'a été chez nous. Le divorce est une cause civile de dissolution de mariage; nous devons le considérer comme tel. Nous devons considérer comme légitimement dissous le mariage de l'étranger divorcé conformément à la loi de son pays. Si on ne l'admet pas, reconnaîtra-t-on d'avantage d'autres modes de dissolution consacrés par une législation étrangère, s'ils sont méconnus par la nôtre? *Non*, on ne le pourra pas sous peine d'être inconséquent. Et alors, qu'arrivera-t-il? c'est qu'on ne considérera un mariage comme légitimement dissous qu'autant qu'il le sera dans les cas prévus par notre loi ; c'est qu'on finira par régir l'état de l'étranger par la loi de notre pays et non par celle du sien. On admettait d'ailleurs qu'un Français, divorcé avant la loi de 1816, pouvait se remarier ; c'est reconnaître qu'un mariage est valablement dissous quand il l'est en vertu de la loi par la quelle il est régi. Si donc le mariage de l'étranger divorcé est valablement dissous, pourquoi l'empêcherait-on, en France, de contracter un nouveau mariage ?

Mais nous ne pensons pas, comme plusieurs auteurs, qu'on doive appliquer la loi française, quand la loi personnelle étrangère compromet un intérêt privé. Ainsi, l'étranger, mineur, d'après sa loi personnelle ; majeur, d'après la loi française, qui a contracté une obligation en France, pourra la faire annuler. Puisque nous avons posé le principe que la capacité de l'étranger est régie par la loi de son pays, nous devons en accepter les conséquences.

Le Français n'a qu'à s'informer de la capacité de l'étranger avant de traiter avec lui. Nous ne pouvons faire exception à ce principe qu'au cas où le Français ayant agi avec prudence a été victime de la fraude de son adversaire.

57. — Un étranger peut-il adopter un Français, être adopté par lui ? Nous pensons que *oui*, car la loi autorise le mariage entre Français et étrangers. Elle reconnaît ainsi, entre eux, l'existence des rapports de paternité, de filiation et des autres relations de famille. Or, l'adoption crée ces rapports de famille, de paternité et de filiation. Une deuxième opinion objecte que le mariage et l'adoption sont deux institutions d'un ordre et d'une nature différents. L'une est de droit naturel, l'autre de droit civil; on ne saurait raisonner d'un cas à l'autre. La loi n'accorde pas expressément aux étrangers le droit d'adopter ou d'être adopté, et nulle part elle ne le leur reconnaît implicitement.

58. — Un étranger peut-il être tuteur, membre d'un conseil de famille en France ?

Nous admettons l'affirmative, car la tutelle n'est pas chez nous ce qu'elle était à Rome, un *munus publicum*. Elle est une fonction purement privée, car elle n'a pour objet que l'intérêt particulier des personnes qu'elle est destinée à protéger. Un étranger peut avoir en sa puissance paternelle ses enfants quoique Français ; *à fortiori* il peut les avoir sous sa tutelle.

59. — Les fabricants étrangers peuvent-ils s'opposer en France à l'apposition de leur marque de fabrique ou de leur nom sur des produits commerciaux mis en vente par des Français.

Distinguons :

1° Le fabricant étranger ne réside pas en France et n'y a pas d'établissement commercial. L'étranger n'a pas d'action pour s'opposer à ce que ses marques et son nom soient apposés sur des produits par le fabricant français.

2° Le fabricant étranger réside en France, ou bien il y a un établissement commercial.

La Cour de cassation a donné, dans ce cas, la même solution que dans le cas précédent. Nous pensons toutefois que le fabricant étranger a le droit de s'opposer à cette apposition de ses marques et de son nom sur d'autres produits que les siens. En effet, les lois qui défendent la contrefaçon des marques sont des lois de police et de sûreté. Elles obligent donc l'étranger (art. 3). Elles doivent aussi le protéger. — Elles sont des lois de police. En effet, quels sont les caractères distinctifs de ces lois ? Ce sont des lois *de bon ordre*, *territoriales*, *de répression*. Ces caractères se retrouvent ici.

La loi qui défend la contrefaçon est une loi :

1° *De bon ordre*. — Quel est son but en effet ? C'est de punir la mauvaise foi qui se glisse dans les relations commerciales, et, en la punissant, elle protége à la fois le producteur et le consommateur ;

2° *Territoriale*. — En effet, si on se reporte à l'arrêté du 23 nivôse an XI, à la loi du 22 germinal an XI, au décret du 22 décembre 1812, à la loi du 23 juillet 1824, on voit que ces arrêtés et ces lois visent tout établissement *de la République et de l'Empire*, *toute manufacture se trouvant dans le ressort d'un tribunal de commerce en France* ;

3° *Répressive*. — Car elle prononce des peines (trois mois à un an d'emprisonnement, et amende supérieure à 50 francs). (Article 423 du Code pénal.)

L'étranger qui, dans son pays, aurait pu contrefaire les marques d'un fabricant français, ne le pourra certainement pas en France, sans se mettre sous le coup des peines que prononcent ces lois. Réciproquement, un Français qui aurait pu usurper la marque d'un fabricant étranger ne le pourra pas, si ce fabricant, ayant un établissement en France, a fait connaître sa marque d'une manière légale, en déposant un modèle au greffe du tribunal de commerce d'où relève le chef-lieu de la manufacture ou de l'atelier (Loi germinal an XI).

Enfin nos lois autorisent l'étranger à faire le commerce en France ; elles doivent donc également, par une conséquence naturelle de cette faculté qu'elles lui accordent, protéger son commerce et lui donner action pour s'opposer à l'apposition de ses marques sur des produits autres que les siens.

La loi de 1857 confirme d'ailleurs cette opinion, car elle prévoit le cas où le fabricant étranger a un établissement en France, et celui où il n'en a pas, et déclare que l'étranger qui n'a pas d'établissement en France, ne jouit des bénéfices de cette loi pour ses produits, qu'autant que son établissement est situé dans un pays qui a établi la réciprocité pour les marques françaises, en vertu d'un traité.

60. — Les étrangers peuvent-ils être témoins en France?

Ils ne peuvent pas être témoins dans un acte authentique, car la loi de ventôse an XI exige que les témoins soient *citoyens français*, ni dans un testament, car l'article 980 exige qu'ils soient *sujets du Roi jouissant des droits civils*.

Mais d'après l'opinion commune, ils peuvent être témoins dans les actes de l'état civil, car d'après l'article 37 il suffit qu'ils soient mâles et âgés de vingt-un ans. Ils pourront ne pas être majeurs d'après la loi de leur pays, car l'article exige seulement qu'ils aient plus de vingt-un ans; ce silence de l'article 37 est à remarquer si on le rapproche de la loi de ventôse et de l'article 980. Les étrangers rendent aux parties un service dans cette circonstance. Comment d'ailleurs refuserait-on au père le droit de figurer à l'acte de naissance ou de mariage de son enfant? Une famille, enfin, peut être intéressée à ce qu'une naissance, un mariage, un décès ne soient pas méconnus par un étranger, et à ce qu'il assiste à l'acte comme témoin. Les étrangers peuvent également déposer en justice comme témoins, car il s'agit alors de constater un fait, et la justice doit entendre tous ceux dont les déclarations peuvent l'éclairer sur ce fait.

61. — L'étranger peut-il être arbitre en France?

Nous ne le pensons pas, car les arbitres ont un caractère public. On objecte, il est vrai, que leurs décisions ne peuvent être exécutées qu'autant qu'elles ont été revêtues de l'ordonnance du président du tribunal, et qu'ainsi leurs fonctions sont privées puisqu'elles n'ont aucune puissance publique. Mais les articles 1020, 1021 du code pénal qualifient de jugement leur sentence et ne voient qu'une formalité dans l'ordonnance d'exécution que délivre le président seul. De plus, nul ne conteste le caractère public des jugements étrangers, et cependant ils doivent être rendus exécutoires en France par un tribunal français.

62. — L'étranger peut-il être médecin en France ?

L'ancien droit ne le permettait pas ; il exigeait que l'étranger eût obtenu des lettres de naturalité. Aujourd'hui , nous devons adopter également la négative, en principe ; car le droit d'être médecin est un droit civil très-important, qu'aucune loi n'accorde à l'étranger ni expressément, ni tacitement. Si un étranger a été gradué dans les universités étrangères , il ne pourra exercer la médecine en France qu'en vertu d'une autorisation du gouvernement.

Toutefois, il pourra être médecin en France, si son diplôme lui a été accordé par une faculté française ; car la loi de ventôse an XI n'exige pas une autorisation spéciale dans ce cas.

63. — L'étranger ne peut être *notaire*, car la loi de ventôse exige pour cela que le candidat soit citoyen ; ni *avoué*, car l'avoué peut être appelé à remplir une fonction publique , à remplacer un juge en cas d'absence.

Peut-il être avocat près un tribunal de première instance ou une cour d'appel?

Non, car s'il est vrai que cette position est indépendante et n'est pas soumise à l'autorisation du gouvernement , l'avocat peut cependant être appelé à remplir une fonction publique, à concourir à l'administration de la justice , soit comme juré, soit comme juge, soit comme remplaçant le ministère public. L'ancien droit n'admettait pas qu'un étranger prêtât serment devant un tribunal français; il en est de même aujourd'hui, car le serment prêté par l'avocat comprend la promesse de fidélité au chef de l'Etat. Il est un acte de nat'onalité. Cette incapacité subsiste, alors même qu'une Cour aurait admis l'étranger au serment d'avocat, alors même qu'il aurait été, pendant plusieurs années, inscrit au tableau de l'ordre des avocats près une Cour.

SECTION II.

COMPÉTENCE DES TRIBUNAUX FRANÇAIS.

64. — Si l'on reconnaît à l'étranger la jouissance et l'exercice des divers droits civils, conformément aux explications que nous avons données dans la section précédente, il faut lui permettre de faire valoir ses droits en justice et de les faire respecter. — Inversement, si l'étranger se refuse à l'exécution d'une obligation, il peut être appelé en justice.

Nous distinguerons donc trois hypothèses dans trois paragraphes :

§ 1. — Le Français est demandeur et l'étranger défendeur.

§ 2. — L'étranger est demandeur et le Français défendeur.

§ 3. — Le demandeur et le défendeur sont tous deux étrangers.

§ 1.

Du Français demandeur et de l'étranger défendeur.

65. — L'article 14 permet au Français de citer l'étranger devant les tribunaux Français, même pour obligations contractées en pays étranger. En matière personnelle, cet article déroge à la règle *actor sequitur forum rei.* Cette dérogation se conçoit quand l'obligation a été contractée en France. On peut alors induire de ce fait que l'étranger a tacitement accepté la juridiction française. La disposition est plus difficile à justifier quand l'étranger s'est obligé dans son propre pays ; aussi, le projet primitif voulait-il que, dans ce cas, l'étranger ne fût justiciable des tribunaux français qu'autant qu'il serait trouvé en France. Le projet a été repoussé par les motifs suivants : Le Français, a-t-on dit, obtiendra peut-être difficilement justice à l'étranger. Notre loi doit protection à nos nationaux. De plus, les jugements étrangers ne sont pas exécutoires en France, et un Français qui aurait obtenu un tel jugement ne pourrait l'exécuter

sur les biens de son adversaire situés en France, sans s'adresser d'abord aux tribunaux de ce pays.

66. — L'article 14 est-il applicable de quelque manière que l'étranger soit obligé vis-à-vis du Français, par *contrat, quasi-contrat, délit, quasi-délit*?

Des mots *obligations contractées* dont se sert l'article, on a voulu conclure qu'il était applicable seulement au cas où l'obligation naissait d'un contrat, et on s'est appuyé sur ce que l'article 14, contenant une dérogation au droit commun *actor sequitur*, doit être interprété restrictivement. Nous combattons cette opinion.

Et, d'abord, si le Français, créancier d'un étranger par suite d'un contrat, peut actionner l'étranger devant les tribunaux de France, à *fortiori*, doit-il le pouvoir quand il est créancier par suite d'un délit ou d'un quasi-délit, dont l'étranger a été l'auteur; car, dans ce cas, on ne peut pas lui objecter qu'il l'a choisi pour débiteur. Voilà pour le délit et le quasi-délit. Nous disons qu'il en sera de même dans le cas du quasi-contrat, si le Français est devenu créancier de l'étranger sans un fait personnel de celui-ci, dans le cas toutefois où l'obligation a pris directement naissance dans la personne du Français contre l'étranger. En effet, si un Français a géré les affaires d'un étranger, cette gestion doit produire entre eux les mêmes rapports que ceux qui résulteraient d'un mandat.

D'ailleurs, le mot *contracté* n'a pas, dans notre droit, un sens bien déterminé : l'art. 1372 s'en sert pour désigner un engagement sans convention, un quasi-contrat.

67. — Que devra-t-on décider si le Français est devenu créancier d'un étranger sans un fait personnel de celui-ci, dans le cas où l'obligation n'a pas pris immédiatement naissance dans la personne du Français contre l'étranger, dans le cas où le Français n'est devenu créancier de l'étranger qu'indirectement, par l'effet d'une cession? par exemple, si le Français a acheté d'un étranger une créance contre un autre étranger? — Nous pensons que les tribunaux français ne seront pas compétents, car l'arti-

cle 14 ne vise que l'obligation contractée *avec un Français*, et ici elle a été d'abord contractée *avec un étranger*. L'étranger a dû également compter sur la compétence de ses juges naturels. Enfin, il en était ainsi dans l'ancien droit, où ceux qui avaient obtenu le droit de distraire leur débiteur de leurs juges naturels (droit de *committimus*), ne pouvaient en jouir que pour les droits qu'ils avaient *de leur chef ou à cause de leur femme* et non en vertu de cession ou de transport (ordonnance 1579). — Remarquons de plus qu'un cessionnaire n'a jamais que les droits du cédant. Le Français cessionnaire savait que les tribunaux étrangers étaient seuls compétents entre les deux étrangers et, en achetant cette créance, il a accepté cette juridiction.

68. — Il en est autrement s'il s'agit d'un effet négociable qui, souscrit d'abord par un étranger au profit d'un autre étranger, a été transmis par la voie de l'endossement à un Français ; car l'étranger souscripteur est censé avoir d'avance accepté tous les endossements, même ceux qui pourraient être faits au bénéfice d'un Français. Il est censé s'être obligé directement envers les possesseurs successifs du titre de la créance, et leur avoir concédé envers lui les mêmes droits que s'il avait traité directement avec eux. Cette solution est d'ailleurs favorable au commerce national et même au commerce général ; car elle facilite la circulation des effets de commerce en assurant à nos nationaux le bénéfice de la juridiction française.

69. — Nous donnerons la même solution qu'au cas de la cession d'une créance civile, en ce qui concerne les actions nées du testament d'un étranger au profit d'un légataire Français. Il a été jugé que les héritiers d'un ambassadeur, domiciliés en pays étranger, ne pourraient pas être assignés en France par un légataire Français pour l'exécution d'un testament fait en France par l'ambassadeur. En effet, c'est au lieu du domicile du testateur que s'ouvre sa succession, et c'est le tribunal du domicile qui connaît des actions relatives à cette succession.

70. — Le domicile du Français à l'étranger doit-il l'empêcher de citer l'étranger devant les tribunaux français pour le paie-

ment des dettes contractées dans ce pays ? Nous ne le pensons pas. L'article 15 permet, dans ce cas, à l'étranger d'intenter son action en France ; il est juste par réciprocité d'accorder le même droit au Français. L'article 14 n'exige pas du Français la preuve qu'il a un domicile en France. La Cour de Paris a rendu deux arrêts contraires à cette opinion. Elle s'est fondée : 1° sur ce que l'article 14 suppose que le Français a un domicile en France , domicile qui servira à déterminer le tribunal compétent ; sans cela il aurait le droit de choisir ses juges. Mais nous verrons bientôt que le Français n'est pas tenu de suivre le juge de ce domicile ; 2° sur ce que le Français s'est placé sous l'empire des lois étrangères ; mais ce n'est pas suffisant pour en conclure qu'il a renoncé à la protection des lois de son pays. Enfin, remarquons que l'étranger a dû connaître la condition de celui avec qui il contractait, et savoir qu'il pourrait être cité devant les tribunaux français.

71. — Le Français peut-il, après avoir traduit l'étranger devant les tribunaux étrangers, le traduire devant les tribunaux français, soit après le jugement rendu, soit pendant la durée de l'instance ?

La question doit être résolue en fait et d'après les circonstances. Le Français a-t-il, en formant sa demande devant un tribunal étranger, renoncé au bénéfice de l'article 14 ? Alors il ne pourra pas traduire plus tard l'étranger devant les tribunaux français, car le droit qui résulte pour lui de l'article 14 est un droit privé auquel il a pu valablement renoncer. Il aurait pu faire remise de sa créance ; *a fortiori* a-t-il pu faire remise d'une des qualités de cette créance, de celle qui était attributive de juridiction. On ne saurait d'ailleurs admettre que le Français, après avoir fait juger entièrement et à tous les degrés son affaire à l'étranger, puisse ensuite la reprendre en France sans tenir compte de tout ce qui s'est passé. Un tel résultat serait inique.

Au contraire, n'a-t-il pas renoncé à ce bénéfice ? A-t-il assigné l'étranger devant les tribunaux étrangers, parce que tous ses

biens étaient situés dans son pays ? où parce qu'il n'avait pas
de biens connus en France ? Il a subi alors une nécessité. Il
pourra saisir plus tard les tribunaux français, s'il est découvert
que cet étranger possède des biens en France. Le Français
pourra même agir simultanément à l'étranger et en France, s'il
veut faire déclarer un titre exécutoire contre un étranger qui a
des biens dans chacun des deux pays.

72. — Un gouvernement étranger peut-il être traduit devant
les tribunaux français pour exécution d'obligations contractées
envers un Français ? La jurisprudence admet la négative. Elle
se fonde sur ce que le Français qui contracte avec un gouvernement étranger, se soumet aux lois et à la juridiction administrative ou judiciaire de ce gouvernement. — Il nous paraît
cependant que l'affirmative devrait être admise si l'obligation a
été contractée par le prince, en son nom particulier, car alors il
a agi comme un simple particulier, et on rentre purement et
simplement dans le cas de l'article 14.

Mais si le prince a traité comme chef du gouvernement et dans
un intérêt public, on ne saurait admettre la même solution. Le
Français qui voudra obtenir l'exécution de l'engagement pris
vis-à-vis de lui, pourra s'adresser à son gouvernement et l'affaire
se traitera par la voie diplomatique. Le gouvernement français
appuiera la réclamation de son national. Ce sera la meilleure
voie à suivre. Nous signalerons la conséquence suivante,
conséquence pratique de cette doctrine : Les sommes dues en
France à un Etat étranger, ne sont pas saisissables par un
créancier de cet Etat, et ce créancier ne pourrait pas former
opposition sur les deniers d'un emprunt contracté en France
par cet Etat.

L'article 14 s'applique aux personnes morales étrangères.
Ainsi les sociétés anonymes étrangères peuvent être action-nées
en France, en exécution de leurs engagements envers des
Français, lors même qu'elles n'ont pas obtenu du gouvernement français un décret d'autorisation, car elles n'en sont pas
moins des étrangers responsables de leurs actes vis-à-vis des
tiers.

73. — Le demandeur devenu Français depuis la naissance de l'obligation pourra-t-il intenter l'action en France ?

Pour la négative on se fonde sur la lettre de l'article 14, qui suppose des obligations contractées envers des Français. Le demandeur actuel étant étranger lors de la naissance de l'obligation, son adversaire a dû compter sur la juridiction étrangère. Décider le contraire, ce serait tromper son attente légitime et donner à la naturalisation un effet rétroactif.

Nous répondons en faveur de l'affirmative, que l'esprit de l'article 14 n'est pas de consacrer l'intention présumée des parties, intention de se soumettre à la juridiction étrangère, si l'obligation est née entre étrangers; à la juridiction française, si elle est née entre Français et étranger. L'article 14 a été voté dans un esprit de protection pour nos nationaux, de défiance pour les tribunaux étrangers; cet article attribue compétence aux tribunaux français, sans se préoccuper de l'époque à laquelle remonte l'engagement. Celui qui a traité avec un étranger ne saurait avoir acquis le droit de saisir les tribunaux de son pays pour le temps où l'action sera intentée. C'est dans ce sens qu'un arrêt de la Cour d'Aix, du 24 juillet 1826, déclare qu'un étranger devenu Français par la naturalisation jouit des bénéfices de l'article 14, alors même que l'engagement est antérieur à cette naturalisation ; car, disent les considérants de cet arrêt, il ne s'agit pas ici du fond du droit, mais seulement de savoir de quelle manière sera introduite l'action, et alors on doit évidemment suivre la loi en vigueur à l'époque à laquelle cette action est intentée.

Mais si l'action avait été intentée avant la naturalisation, la juridiction étrangère resterait évidemment compétente. Les héritiers du Français créancier peuvent, comme lui, invoquer l'article 14, et les héritiers de l'étranger débiteur sont, comme lui, soumis à la juridiction française. Mais si les héritiers du Français sont étrangers, les tribunaux français ne seront compétents, conformément à l'article 14, qu'autant qu'ils auront été saisis par le Français créancier avant son décès, car alors il y a droit acquis pour les parties d'être jugées par ces tribunaux. Si celui-ci est mort avant d'avoir intenté son action, l'article 14 sera inapplicable, car le demandeur sera alors étranger, et il n'aura pas recueilli dans la succession de son auteur le droit de saisir la justice française. Son auteur, en effet, n'avait que l'espérance d'user de cette faculté quand viendrait le moment d'intenter son action. Cette faculté lui était personnelle ; il la tenait de la loi qui ne la lui avait accordée qu'en raison de sa condition de Français.

74. — L'article 14 recevra-t-il son application en temps de guerre à l'égard des étrangers appartenant à la nation avec laquelle la guerre est déclarée ? *Oui*, car aucune disposition ne fait exception en aucun cas au principe général de l'article 14. D'ailleurs, la prescription n'étant pas suspendue par la guerre, il pourrait y avoir déchéance du droit du créancier sans qu'on pût lui reprocher aucune négligence.

75. — Nous allons enfin rechercher devant quel tribunal l'étranger devra être assigné.

En matière réelle, le tribunal compétent sera celui de la situation de l'immeuble. L'article 3, Code Napoléon, reconnaissant à l'étranger le droit d'être propriétaire en France, l'étranger doit être soumis au droit commun de l'article 59, C. Proc.

En matière mixte, nous appliquons pour le même motif l'article 59 du Code de procédure.

En matière personnelle, distinguons :

L'affaire est commerciale. Alors l'étranger pourra être assigné soit à son domicile, soit devant le tribunal dans l'arrondissement duquel le paiement devait être effectué (Art. 420 C. Pr.)

L'affaire est civile. Distinguons encore :

L'étranger a, en France, un domicile ou au moins une résidence connus. Ce sera le tribunal de ce domicile ou de cette résidence qui sera compétent. Mais si l'étranger n'a ni domicile ni résidence en France ? Une première opinion, dans le cas où l'obligation a été contractée en France, attribue compétence au tribunal dans le ressort duquel elle a été contractée ; au tribunal du domicile du demandeur, si l'obligation a été contractée à l'étranger. Une deuxième opinion déclare dans tous les cas compétent le tribunal du domicile du demandeur.

Une troisième opinion autorise le demandeur à saisir tel tribunal français qu'il lui plaira. En effet, l'article 14 ne détermine pas le tribunal qui sera compétent ; il se contente d'opposer la juridiction française à la juridiction étrangère, et il montre par là que la justice française sera compétente d'une manière générale quel que soit le lieu où elle sera rendue. D'ailleurs, il ne sera peut-être pas toujours facile au Français d'atteindre l'étranger, son débiteur ; il doit avoir la faculté de l'assigner devant le tribunal du lieu où il le rencontrera, afin que sa poursuite soit plus rapide et plus sûre. Cette nécessité est évidente au cas où l'étranger est nanti d'objets pouvant servir de gage à son créancier et qu'il peut facilement faire disparaître.

Toutefois, cette faculté laissée au demandeur ne serait pas maintenue, si on reconnaissait qu'il n'a pas agi avec bonne foi et qu'il a choisi le tribunal de manière à occasionner à l'étranger des difficultés et des dépenses.

Si le Français est demandeur à la fois contre un étranger et contre un Français, c'est devant le tribunal de ce dernier que l'assignation devra être donnée.

76. — L'étranger actionné devant les tribunaux français peut se prévaloir de toutes les exceptions que la loi française autorise.

L'étranger défendeur peut-il opposer à son adversaire l'exception de la litispendance si l'affaire est déjà portée devant un autre tribunal ? *Oui*, si cet autre tribunal déjà saisi est un tribunal français ; *non*, si c'est un tribunal étranger, ainsi que nous l'avons dit plus haut. En effet, le Français n'a pas renoncé (nous supposons que cette renonciation ne peut pas être induite des circonstances) au bénéfice de l'article 14, et il n'y a pas à craindre ici deux décisions contradictoires rendues par les deux tribunaux, puisque la décision du tribunal étranger n'aura pas d'existence légale en France, où l'exécution en sera refusée. Si cependant, par erreur ou par surprise, cette exécution était accordée, la décision serait cassée, et si le défendeur lui avait laissé acquérir force de chose jugée, il serait réputé avoir transigé.

77. — Le traité du 18 juillet 1828 entre la France et la Suisse déroge à cet article 14, et déclare que, dans les affaires personnelles litigieuses ou de commerce, le demandeur devra s'adresser au juge naturel du défendeur, sauf : 1° *le cas où les parties seraient convenues de juges* ; 2° *le cas où les parties sont présentes au lieu où le contrat a été passé*; ces derniers mots devaient s'entendre suivant les uns, de la présence des parties dans le lieu du contrat, au moment du contrat et non au temps de la demande, et, suivant les autres, de la présence des parties au moment des poursuites. Mais la convention du 15 juin 1869 exige aujourd'hui, pour que le juge du lieu où le contrat a été passé soit compétent, que les parties y résident au moment où le procès s'engage.

§ 2.

De l'étranger demandeur.

78. — L'article 15 du Code civil permet à l'étranger d'assigner devant les tribunaux de France le Français à raison des obligations que celui-ci a contractées envers lui. Il établit la réciproque de l'article 14. Mais l'article 14 introduit une dérogation au droit commun, tandis que l'article 15 est une application du droit commun. Les Français ne peuvent se plaindre de l'article 15 qui les déclare soumis à leurs juges naturels, et les étrangers ont avantage à poursuivre leurs débiteurs en France, car les jugements qu'ils auraient obtenus contre ceux-ci à l'étranger ne seraient pas exécutoires en France. Ce droit de plaider en France contre un Français ne serait pas refusé à l'étranger si son pays était en guerre avec la France, car la loi ne subordonne pas à l'état de paix l'exercice de son action, et la guerre ne saurait suspendre l'exercice de droits qui, comme les droits auxquels donnent naissance les obligations, ne découlent pas de causes politiques.

L'article 15 s'applique à l'égard de toute espèce d'obligation dont un Français peut être tenu vis-à-vis d'un étranger, que ces obligations aient leur source dans un contrat, un quasi-contrat, un délit ou un quasi-délit. Le Français n'a, dans aucun cas, le droit de se plaindre d'être cité devant ses juges naturels.

Nous admettons également la réciproque d'une proposition que nous avons avancée dans le chapitre précédent, à savoir :

Que l'article 15 s'applique, à la fois, au Français d'origine et à celui qui a été naturalisé Français, sans distinguer dans ce cas si l'obligation est antérieure ou postérieure à la naturalisation.

79. — On pouvait craindre qu'un étranger n'intentât contre un Français une action mal fondée, et que, condamné, sa disparition ne rendît impossible contre lui le recouvrement des frais et des dommages-intérêts. Comment, en effet, opérer alors ce recouvrement ? Ses biens ne peuvent être saisis à l'étranger, car les jugements français ne sont exécutoires qu'en France. — Aussi, l'article 16 l'a-t-il astreint à la caution *judicatum solvi*. — Cet article exige que l'étranger demandeur présente un garant qui, par son engagement, assurera les paiements des frais et des dommages-intérêts résultant des procès auxquels il pourra être condamné.

80. — *Par qui sera fournie cette caution ?*

Par l'étranger demandeur *principal ou intervenant*. L'étranger défendeur n'y est pas soumis, parce que, dit-on, ce serait mettre un obstacle à la défense, et la défense est de droit naturel. Telle est la raison que l'on donne, mais on peut objecter que le droit de faire reconnaître en justice un droit fondé est aussi légitime que celui de repousser une attaque injuste.

Principal ou intervenant. — Le demandeur principal est celui qui engage un procès. Il y a intervention quand il y a survenance volontaire d'une tierce personne dans des débats déjà commencés. Dans tous les cas, l'étranger intervenant doit la caution comme le demandeur principal, que son intervention ait pour objet de soutenir l'action du demandeur ou celle du défendeur. Au fond, il y a de sa part véritable demande, quoique incidente.

L'étranger, défendeur en première instance, qui interjette appel, n'est pas tenu de fournir cette caution, car l'appel n'est qu'une suite de la défense; mais s'il prenait la voie de la requête civile ou d'un pourvoi en cassation, le procès étant terminé, il formerait en réalité une demande nouvelle; il aurait le rôle de demandeur; il devrait fournir caution. Tout étranger, d'ailleurs, est tenu de la fournir, quelles que soient sa qualité et ses titres : simple particulier, ambassadeur ou même souverain.

81. — Un étranger, créancier d'un Français, cède sa créance à un Français ; le débiteur cédé, actionné par le cessionnaire, pourra-t-il exiger de lui la caution *judicatum solvi* ?

Nous ne le pensons pas. En effet, quelle personne l'article 18 astreint-il à cette caution ? *L'étranger demandeur.* Or, ici, qui est demandeur ? c'est le Français cessionnaire. On peut objecter que la créance cédée passe au cessionnaire avec ses qualités actives et passives ; que le Français débiteur a droit acquis à exiger cette caution, et que le créancier ne peut pas, par son fait, l'en dépouiller. Nous répondons à cette objection que les qualités que la créance conserve entre les mains du cessionnaire, sont celles qui lui sont inhérentes, et non celles que la loi ne lui accorde qu'en considération de la personne en qui elle a pris naissance. Il n'y a aucun droit acquis au Français débiteur. Les motifs qui justifient l'article 16 ne se rencontrent plus quand le créancier est un Français, car il aura sans doute des biens en France, et ses biens pourront être saisis pour être affectés au paiement des frais et dommages-intérêts. Donc, *cessante causa, cessat effectus.*

82. — Un Français créancier d'un Français cède sa créance à un étranger. Le cédé peut-il invoquer l'exception ?

Oui. Nous sommes dans les termes de l'article 16. Du reste l'obligation de fournir cette caution est inhérente à la personne du créancier et doit être considérée, dans la personne du cessionnaire, désormais seul créancier ; car les motifs qui ont fait voter l'article 16 se retrouvent ici.

83. — *A qui cette caution est-elle due ?*
Au Français défendeur.
L'est-elle à l'étranger défendeur dans le cas d'une contestation entre deux étrangers ?

— *Oui*, dit-on dans une première opinion, car l'article 16, dont les termes sont généraux, s'applique à tout étranger demandeur. Les deux étrangers peuvent ne pas appartenir à la même nation. Comment, dans ce cas, l'étranger qui aura obtenu gain de cause, recouvrera-t-il les frais et dommages intérêts auxquels son adversaire aura été condamné ? L'ancien droit d'ailleurs, autorisait l'étranger défendeur à demander caution à l'étranger demandeur.

Nous pensons que l'opinion contraire est préférable. L'ancien droit autorisait, il est vrai, l'étranger à demander caution. Mais il ne pouvait l'exiger qu'en offrant caution de son côté. — Si nous en venons à l'argument du texte nous dirons que l'article 15 explique l'article 16. L'article 15 suppose un Français assigné en France par un étranger, et l'article 16 vient immédiatement après déclarer que cet étranger, demandeur pourra être tenu de fournir caution. —Enfin les travaux préparatoires du code donnent à notre opinion une autorité incontestable. Le ministre de la justice, en effet, demanda, lors de la discussion au conseil d'Etat, que la caution *judicatum solvi* fût accordée comme garantie *au citoyen* plaidant contre un étranger, et sur la proposition qui fut faite de ne mettre cette règle que dans le Code de procédure, Cambacérès répondit qu'il y aurait danger pour les Français à attendre jusqu'à ce moment.

84. — *Dans quel cas est due cette caution ?*
Elle est due en toute matière (article 16) autre que celle de commerce ; donc, en matière criminelle, correctionnelle ou de police, si l'étranger forme une demande en qualité de partie civile.
Elle n'est pas due :

1° En matière commerciale , c'est-à-dire quand la demande doit être jugée par un tribunal de commerce, à cause, dit-on, de la modicité des frais et de la rapidité des affaires commerciales. Mais on peut objecter que les affaires de la compétence du juge de paix sont aussi rapides et aussi peu coûteuses, et cependant il n'est fait dans ce cas aucune exception. Nous pensons plutôt que cette exception se justifie par ce fait que les commerçants sont considérés comme étant de tous les pays , et que la nécessité de fournir caution aurait entravé le commerce avec les étrangers.

2° En toute matière, quand le demandeur justifie qu'il a en France des immeubles d'une valeur suffisante pour répondre des sommes auxquelles il poura être condamné.

Quelques auteurs admettent que l'étranger doit donner hypothèque sur ces immeubles parce que , sans cela, il pourrait les vendre à la fin du procès, et enlever ainsi toute garantie au Français défendeur. Mais cette hypothèse est bien peu probable. D'ailleurs, le Français pourra le plus souvent faire annuler ces aliénations comme faites en fraude de ses droits. L'article 16 dispense l'étranger de la caution dans le cas où il est propriétaire d'immeubles en France ; exiger de lui une hypothèque, ce serait exiger une garantie dans un cas où la loi l'en dispense.

3° Quand l'étranger, non propriétaire d'immeubles en France, consigne la somme jusqu'à concurrence de laquelle le tribunal juge que l'intérêt du défendeur doit être sauvegardé.

4° Dans tous les cas, en vertu d'un traité intervenu entre le gouvernement de l'étranger et le gouvernement français.

5° Dans tous les cas, quand l'étranger a été autorisé à établir son domicile en France.

85. — *Étendue des engagements contractés par la caution.*

La caution ne répond que des condamnations prononcées contre le demandeur au profit du défendeur, car elle n'intervient que dans son intérêt. Elle n'est tenue que des frais faits par le défendeur et des dommage intérêts qui pourront lui être alloués. C'est le tribunal qui tarife la somme du cautionnement.

86. — *A quel moment doit-elle être demandée ?*

Cette question est très-controversée. Les articles 166, 169, 173 du Code de procédure civile, parlent des trois exceptions *judicatum solvi*, d'incompétence et de nullité d'exploit ; mais leur rédaction assez obscure ne permet pas de dire nettement laquelle de ces trois exceptions doit être proposée avant l'autre.

A part l'exception de nullité que l'article 173 autorise à proposer après les exceptions d'incompétence, et seulement après celle-là, les articles 166 et 169 déclarent que les exceptions *judicatum solvi* et d'incompétence doivent être proposées avant toute autre exception.

Une première opinion propose de mettre la caution *judicatum solvi* au deuxième rang, après l'exception d'incompétence, avant celle de nullité d'exploit ; mais cette opinion se heurte à l'article 173.

Une deuxième opinion permet au défendeur de demander la caution soit avant, soit après les deux autres exceptions. Mais on n'y est pas autorisé par l'article 166.

Une troisième opinion soutient que le défendeur doit la réclamer *in limine litis*, avant toute autre exception. Son intérêt en effet est de la réclamer de suite, car le procès sur la compétence ou la nullité d'exploit peut entraîner des frais considérables, et s'il ne le fait pas, il doit être présumé renoncer au bénéfice de l'exception. Cette troisième opinion est, il est vrai, contraire aux articles 169 et 173 ; mais comme il faut bien absolument être en contradiction avec l'un ou l'autre de ces articles, puisque chacun veut que son exception soit opposée avant toute autre exception, ce qui est impossible, nous proposons d'admettre cette dernière opinion qui est du moins la plus logique. Elle veut, en effet, que l'exception *judicatum solvi*, dont le but est d'assurer au défendeur le recouvrement des frais, soit opposée avant qu'aucuns frais n'aient été faits au sujet des autres exceptions.

87. — Si le défendeur n'a pas demandé la caution en première instance peut-il la demander en appel ?

Non, en ce qui concerne les frais de première instance ; mais à l'égard des frais d'appel, la jurisprudence paraît admettre l'affirmative. Dans tous les cas, l'obligation de donner caution n'est pas d'ordre public, et il faut que le défendeur la demande ; les juges ne peuvent pas la suppléer d'office.

88. — En permettant au Français défendeur d'exiger de l'étranger la caution *judicatum solvi*, la loi française a eu pour but de protéger nos nationaux entraînés à plaider par des étrangers.

En dehors de toute action en justice, la loi avait accordé aux Français une autre faveur protectrice, afin d'assurer le recouvrement des sommes qui pourraient leur être dues par des étrangers, et d'empêcher que la disparition des étrangers ne rendît ce recouvrement impossible ; cette faveur était la contrainte par corps (loi 17 avril 1832).

Avant la loi de 1867, les débiteurs français n'étaient soumis à la contrainte par corps qu'autant que le chiffre de leurs dettes était supérieur à 200 fr., si la dette était commerciale ; à 300 fr., si elle était civile. Plus sévère à l'égard des débiteurs étrangers, la loi les y soumettait dans tous les cas, que leur dette fût civile ou commerciale, si elle était supérieure à 150 fr. De plus, les étrangers pouvaient être, avant tout jugement, incarcérés provisoirement en vertu d'une Ordonnance du Président du Tribunal, tandis que les Français ne pouvaient être contraints par corps qu'en vertu d'un jugement qui les condamnait à payer.

Le débiteur français qui était soumis à la contrainte par corps pouvait, s'il était malheureux et de bonne foi, conserver la liberté en abandonnant ses biens à ses créanciers. Les débiteurs étrangers n'avaient pas cette faculté (art. 905 C. pr.), car les moyens de constater leur insolvabilité n'existaient pas à leur égard avec la même certitude que vis-à-vis des Français.

Mais la loi de 1867 a supprimé la contrainte par corps en matière commerciale, civile et *contre les étrangers*. Depuis cette loi, la cession de biens n'a plus d'objet, et cette différence entre la condition du Français et de l'étranger non domicilié n'existe plus aujourd'hui.

§ 3.

Contestations entre étrangers.

89. — Les tribunaux français seront-ils compétents entre étrangers ?

Le Code ne renferme, à cet égard, aucune disposition spéciale. Cependant on peut formuler les règles suivantes, si l'on se réfère à certains textes de loi, aux principes généraux et aux précédents, et dire que les tribunaux français sont compétents :

1° Pour l'action relative à un immeuble situé en France, en vertu du principe général de l'article 3 et de l'article 59 C. pr., article qui, en matière réelle, attribue compétence au tribunal de la situation de l'immeuble.

2° Pour l'action civile née à l'occasion d'un délit ou d'un quasi-délit, en vertu du principe général de l'article 3, car il s'agit de lois de police et de sûreté.

3° En cas d'une élection de domicile dans un endroit déterminé du territoire français pour l'exécution d'une obligation.

4° Pour ordonner des mesures conservatoires ou provisoires.

5° Pour l'action tendant à faire déclarer exécutoire en France un jugement émané d'un tribunal étranger, car les tribunaux français sont alors seuls compétents.

6° Pour les contestations commerciales, à cause des besoins du commerce, des facilités et de la promptitude indispensables à ces relations.

L'article 17 du titre xviii de l'ordonnance du mois de mars 1673 portait : « Dans les matières commerciales, le créancier pourra faire donner l'assignation, à son choix, ou au lieu du domicile du débiteur, ou au lieu où la promesse a été faite et la marchandise fournie, ou au lieu auquel le paiement doit être fait. » Sous l'empire de l'ordonnance, on admettait que les étrangers pouvaient se prévaloir de ses termes généraux pour réclamer contre les négociants regnicoles le choix accordé par l'article 17. L'intérêt du commerce avait, en cette matière, fait attribuer aux commerçants étrangers le même droit qu'aux commerçants français.

Lors de la rédaction du Code de procédure, quand on voulut au conseil d'Etat arrêter les règles de compétence en matière d'actes de commerce, M. Treilhard proposa de copier l'article 17 de l'ordonnance de 1673. Cette proposition fut adoptée et l'article 420 C. pr. reproduit textuellement la disposition de l'ordonnance. Dès lors, on est autorisé à dire que les rédacteurs de l'article 420 ont entendu que cet article eût le sens et la portée de la disposition de l'ordonnance d'où il est tiré. Cet article n'est donc pas seulement applicable aux nationaux ; il peut être invoqué par un étranger contre un autre étranger.

On peut poser en règle, par application de l'article 420, qu'en matière commerciale les tribunaux français sont compétents au sujet des contestations élevées entre étrangers :

1° Quand il y a concours de promesse faite et de marchandise livrée, circonstances qui se présentent nécessairement quand l'opération a eu lieu dans une foire française.

2° Quand il y a eu indication faite par les parties que l'acquittement de l'obligation pourrait être poursuivi en France, que l'opération commerciale ait été contractée ou non en France.

3° Quand les parties sont convenues tacitement que le paiement aurait lieu en France.

Restent les matières civiles.

En principe, les tribunaux français ne sont pas compétents pour juger les contestations entre étrangers. L'étranger défendeur peut donc proposer l'exception d'incompétence, et le tribunal lui-même, qui ne doit la justice qu'aux Français, peut se déclarer d'office incompétent. — Il le peut, parce qu'ici la loi ne lui impose pas le devoir de juger. — Ce principe rigoureux a été tempéré par la jurisprudence. Ainsi, quoique le tribunal soit incompétent pour statuer sur une séparation de corps entre étrangers, il peut cependant ordonner des mesures provisoires :

ordonner que la femme aura un domicile séparé de celui de son mari, au moins pour un temps, statuer sur le sort des enfants, allouer à la femme une somme à titre de provision et de pension alimentaire, etc.

Il a été même décidé que les tribunaux français seraient compétents pour statuer sur une demande en séparation de corps au cas où l'étranger aurait longtemps habité la France, y aurait formé des établissements, s'y serait marié. A l'appui de cette décision, on fait remarquer qu'il serait bien dur de forcer la femme à s'adresser aux tribunaux du pays de son mari, pays peut-être très-éloigné et dans lequel il est probable que les époux n'ont pas l'intention de retourner; que le mari, par suite de son long séjour en France, a adopté, en quelque sorte, les mœurs de ce pays. Nous ne pensons pas cependant que cette décision soit bonne, car l'incolat n'est pas un mode d'acquérir la nationalité française, car la femme française, en épousant un étranger, est devenue étrangère, et nous sommes ici dans le cas d'une contestation entre deux étrangers. Au reste, le consentement des étrangers à être jugés par les tribunaux français, confère à ceux-ci la faculté de juger, mais ne leur en impose pas l'obligation. Ils peuvent d'office se déclarer incompétents. En général, ils se déclareront compétents, surtout lorsque les étrangers résideront en France, lorsque leur contrat y aura été passé et devra y être exécuté. — En résumé, nous dirons qu'en matière civile, la compétence des tribunaux français entre étrangers est en principe *facultative*, tant au regard des tribunaux qu'au regard des étrangers, c'est-à-dire que les tribunaux ne sont valablement saisis du différend qu'autant qu'ils consentent à le juger et que les parties reconnaissent volontairement leur juridiction.

SECTION III.

DE L'AUTORITÉ ET DE L'EXÉCUTION DES ACTES PASSÉS ET DES
JUGEMENTS RENDUS EN PAYS ÉTRANGER.

§ 1.

Des jugements rendus par les tribunaux étrangers.

90. — Les jugements rendus par les tribunaux étrangers ne
sont pas exécutoires en France. Ils ne le sont qu'après avoir
été déclarés exécutoires par un tribunal français (art. 2123).

Quelle est donc la valeur, en France, des jugements rendus
par les tribunaux étrangers? Ont-ils force de chose jugée entre
les parties? Ne leur manque-t-il que la force exécutoire? La
question est très-controversée.

Premier système. — La jurisprudence admet que le jugement
rendu par un tribunal étranger, n'a pas force de chose jugée
entre les parties et peut être révisé par le tribunal français. —
En effet, c'est le tribunal tout entier qui doit rendre exécutoire
le jugement étranger. Or, un tribunal rend un jugement. Il ne
peut le rendre qu'en connaissance de cause, après avoir étudié
la question qu'on lui soumet; donc, nécessité de nouveaux
débats.

D'ailleurs, toute justice en France doit émaner du chef de
l'État. Il est prudent de permettre aux magistrats français
un nouvel examen, surtout au cas où le jugement est rendu
contre un Français. Ce jugement aura peut-être été rendu
contre lui dans un pays hostile à la France, où l'organisation
de la justice offrira peut-être peu de garanties au point de vue
des lumières, de l'impartialité, de l'indépendance. La loi qui,
dans un but de protection, permet au Français de citer l'étranger en France, ne saurait le laisser sans secours contre un
jugement étranger qui, rendu dans ces conditions, serait
inique.

Deuxième système. — Nous pensons que les jugements étrangers ont en France l'autorité de la chose jugée, et que c'est la force exécutoire qui leur manque.

L'art. 2123 dit formellement qu'il n'y a lieu qu'à *déclarer exécutoire* le jugement rendu en pays étranger. *Déclarer un jugement exécutoire*, ce n'est pas le modifier, le détruire, le supplanter par un autre ; ce n'est pas juger de nouveau et peut-être dans un sens opposé le différend que ce jugement a tranché.

La loi exige que ce soit le tribunal tout entier qui déclare le jugement exécutoire, et cela se comprend. Le tribunal, en effet, doit délibérer, se livrer à un examen qui sera souvent difficile. Il devra s'assurer que le jugement étranger a été régulièrement rendu ; qu'il n'est pas contraire aux lois françaises, à l'ordre public ; qu'il n'autorise pas des voies d'exécution contraires à nos lois. On ne plaidera pas à nouveau l'affaire devant lui. Le juge examinera le jugement qui lui sera présenté dans ses rapports avec notre droit public et nos mœurs. Il refusera l'exécution d'une sentence statuant sur l'état d'un Français, sur la revendication d'un esclave, ou sur tout autre fait que nos lois repoussent.

Le premier système est encore contraire au droit des gens Européen ; il élève de nouvelles barrières entre les nations au lieu de les abaisser ; il diminue le respect de la justice, puisqu'il fait regarder ses décisions comme tout à fait locales. — De plus, l'article 7 du Code d'instruction criminelle reconnaît que le jugement contre un Français, coupable d'un crime commis à l'étranger, a force de chose jugée en France ; à *fortiori*, un jugement étranger statuant seulement sur des intérêts pécuniaires aura force de chose jugée en France.

Troisième système. — Ce système reproduit la distinction faite dans l'art. 121 de l'ordonnance de 1629. Si le jugement étranger est rendu entre étrangers ou au profit d'un Français contre un étranger, il a force de chose jugée ; il ne l'a pas s'il est rendu contre un Français.

On soutient que l'ordonnance doit être encore en vigueur, puisqu'aucun texte ne l'a abrogée, et puisque les articles 2123, Code civil, et 546, Code de procédure, ne s'occupant des jugements étrangers qu'au point de vue de la force exécutoire, laissent entière la question de savoir s'ils ont ou n'ont pas, entre les parties, force de chose jugée.

A ce système, nous répondons que l'autorité de l'ordonnance de 1629 est très-contestable, et ne suffit pas pour faire admettre la distinction arbitraire qu'il établit entre les jugements rendus au profit d'un Français et les jugements rendus contre un Français. Cette ordonnance, d'après le témoignage des anciens auteurs, n'a qu'une autorité de doctrine. Pothier n'admettait pas son autorité, *l'ordonnance étant demeurée*, disait-il, *sans exécution*. Il soutenait, au contraire, que les jugements étrangers valaient, *sans distinction, comme engagements privés*. La partie condamnée ne pouvait donc en demander la révision. Avec Pothier, nombre d'auteurs affirmaient également que l'ordonnance n'avait pas été exécutée ; qu'elle était sans force légale ; et ils la contre-disaient dans leurs écrits. Les rédacteurs du Code n'en ont pas parlé, car ils n'ont pas cru nécessaire d'abroger une loi qui n'é-tait pas reconnue comme loi.

De plus, la loi assimile les jugements étrangers aux sentences arbitraires, comme l'indique le mot *pareillement* dans le dernier alinéa de l'article 2123, et cette assimilation montre bien une fois de plus que le rôle du tribunal français pour ces jugements, de même que le rôle du président du tribunal pour les sentences arbitrales, est seulement de leur imprimer la force exécutoire qui leur manque.

91. — Si la matière est commerciale, sera-ce au tribunal de commerce que devra être soumis le jugement étranger ?

On devrait décider l'affirmative dans l'opinion de ceux qui pensent que le tribunal français doit réviser le jugement et qu'il y a lieu à une nouvelle instance. Toutefois, dans ce cas, quelques auteurs admettent qu'on doit saisir les tribunaux ci-vils qui ont la plénitude de juridiction ; de plus, en principe, les tribunaux de commerce ne connaissent pas de l'exécution des jugements.

Il a été même jugé que les jugements rendus en matière

commerciale étaient toujours exécutoires en France. Mais cette opinion ne saurait être admise, car les articles 2123, Code N., et 546, Code pr., sont généraux et ne distinguent pas les jugements rendus en matière commerciale et les jugements rendus en matière civile. Le principe qui s'oppose à ce qu'ils aient de droit autorité en France est le même dans les deux cas. Le Français commerçant doit être protégé à l'égal du Français non commerçant.

92. — Les jugements rendus par des arbitres étrangers sont-ils exécutoires en France sur simple *pareatis*? Nous pensons que oui, car la sentence arbitrale est l'exécution d'un compromis. Le Français en acceptant l'arbitre a témoigné de sa confiance dans son impartialité.

93. — Les jugements étrangers sont encore exécutoires en France quand les lois françaises portent que les jugements rendus dans tel pays seront exécutoires en France, ou quand il existe entre la France et une nation étrangère un traité établissant entre les deux pays une réciprocité. Mais, même dans ces derniers cas, les jugements émanés des tribunaux étrangers devront, avant d'être mis à exécution, être revêtus de la formule exécutoire des tribunaux français, parce qu'en France la force publique ne doit obéir qu'au chef du gouvernement.

§ 2.

Actes passés à l'étranger.

94. — Les formalités habilitantes d'un acte dépendent du statut personnel; mais, quant à la forme des actes, aux conditions autres que la capacité des parties, c'est un principe universellement reconnu que la forme des actes est régie par la loi du lieu où ils sont passés. Ce principe, consacré partout par la maxime *locus regit actum*, se trouve appliqué dans les articles 47, 48, 170, 999, sans que le Code ait cru devoir l'édicter formellement tant il est manifeste. Et la règle *locus regit actum* est aussi applicable aux actes sous seing-privé qu'aux

actes authentiques. Ainsi, le Français qui réside dans un pays où l'enfant naturel peut être reconnu par un acte sous seing-privé, pourra user de cette forme; car il s'agit ici non d'une question de capacité, mais d'une question de forme.

Cependant, il ne faut entendre qu'avec certaines restrictions ce principe que l'acte, rédigé conformément aux prescriptions de la loi du lieu où il est passé, produira partout tous ses effets. Ainsi, en ce qui touche l'exécution de cet acte, l'article 546, Code pr., nous montre que les actes passés en pays étrangers n'ont pas force exécutoire en France, à moins de disposition contraire dans les lois politiques ou les traités.

Il n'y a pas de lois politiques qui s'occupent de cette question et, comme traité, on ne trouve que celui passé avec la Sardaigne, le 24 mars 1760, renouvelé le 4 vendémiaire an XII, et d'autres traités conclus avec la Suisse, à diverses époques, notamment le 18 juillet 1828.

Mais ne peut-on pas faire déclarer exécutoires par des tribunaux français les contrats passés à l'étranger? on l'a cru, et cette opinion était fondée sur l'article 546, C. pr.; mais cet article ne renvoie à l'article 2123, que pour les jugements; quant aux actes, il se réfère à l'article 1128, qui ne dit mot de l'intervention des tribunaux.

Le porteur d'un pareil titre devra donc procéder comme s'il n'avait qu'un titre sous seing-privé, qu'une *simple promesse*, pour me servir des expressions de l'ordonnance de 1629. Sans doute, au point de vue de la foi due à l'acte, il sera mieux traité; car nous sommes convaincu qu'il faudra pour l'attaquer une inscription en faux. Mais pour parvenir à l'exécution, le créancier devra assigner son débiteur et obtenir condamnation, et alors ce sera en vertu du jugement, non pas en vertu du titre primitif, que l'exécution de l'engagement aura lieu.

CHAPITRE II.

ÉTRANGERS DOMICILIÉS.

95. — L'étranger qui aura été admis par le gouvernement à établir son domicile en France, y jouira de tous les droits civils tant qu'il continuera d'y résider (article 13).

Cet article a eu pour but principal d'adoucir la condition des étrangers qui avaient l'intention de se faire naturaliser Français ; ils ne pouvaient devenir Français qu'après un stage de 10 ans, conformément à la constitution de l'an VIII. Sous l'empire de cette constitution, les étrangers ne jouissaient en France, pendant la durée de ce stage, d'aucun droit particulier. Leur condition était donc très-dure, car ils pouvaient, par le fait de ce long séjour en France, être privés de tout ou partie de leurs droits civils dans leur pays. Les rédacteurs du Code pensèrent que ce stage paraîtrait moins long et moins pénible aux étrangers, si, autorisés à établir leur domicile en France, ils pouvaient, pendant sa durée, jouir des mêmes droits civils que les Français.

96. — *Quels sont les effets de cette autorisation ?*

Elle donne à l'étranger la jouissance des droits civils. Ainsi, avant la loi de 1819, l'étranger aurait pu recevoir en France de la même manière que les Français. Il peut adopter ou être adopté, si la loi personnelle de son pays ne le lui défend pas. Il est dispensé de fournir la caution *judicatum solvi*. S'il est assigné devant les tribunaux français, le demandeur devra l'assigner devant le tribunal de son domicile, conformément à la règle *actor sequitur forum rei*. Avant la loi de 1867, il n'était soumis à la contrainte par corps que dans le cas où les Français y étaient eux-mêmes soumis, et il jouissait comme eux du bénéfice de la cession de biens.

Mais on décide que s'il était assigné lui-même en France par un étranger, il ne pourrait pas exiger du demandeur la caution *judicatum solvi*; qu'il n'aurait pas pu, avant la loi de 1867, exercer la contrainte par corps contre un étranger, dans les cas où un Français l'aurait pu, et on s'appuie sur ce que ces facultés ne sont accordées qu'à des Français, à eux spécialement, en raison de leur nationalité, de la protection et de la faveur que, en cette qualité, nos lois ont cru devoir leur accorder. Ce sont là d'ailleurs des droits rigoureux qu'on ne doit pas étendre.

Cependant, objecte-t-on, avec raison, le droit de demander la caution *judicatum solvi*, d'exercer la contrainte par corps, sont des droits civils ; donc l'étranger autorisé à établir son domicile en France doit les posséder (article 13). C'est ainsi que l'article 905 refusait à l'étranger le bénéfice de cession de biens, et cependant on s'accordait à le lui accorder au cas où il était autorisé conformément à l'article 13. D'ailleurs, cet étranger aura probablement en France des biens, des établissements, des intérêts considérables. Pourquoi ne serait-il pas protégé comme un Français, puisqu'il a recherché, en demandant l'autorisation de l'article 13, la protection des lois de la France ?

97. — Nous pensons qu'il pourrait être tuteur, car la tutelle est une fonction privée et non publique. — Il ne peut être témoin dans un acte notarié, car il faut pour cela être *citoyen français*. Il ne pourrait non plus être témoin dans un testament, car l'article 980 exige que ce témoin soit *sujet du Roi*, c'est-à-dire Français. — Il ne pourrait pas être avocat, car cette position lui permettrait d'être éventuellement appelé à remplir les fonctions de juge.

98. — Il y a donc entre l'étranger autorisé à fixer son domicile en France, et le Français les différences suivantes :

Le premier, en sa qualité d'étranger, ne peut exercer aucun droit politique, remplir aucune fonction publique. Ses enfants naîtront étrangers, sauf pour eux le bénéfice de l'art. 9.

Les Français tiennent de la loi la jouissance des droits civils ; la loi seule ou la justice, dans les cas où la loi lui donne ce pouvoir, peut les en priver. L'étranger, au contraire, tient la jouissance des droits civils du gouvernement qui l'a autorisé à fixer son domicile en France. Cette autorisation est révocable : le gouvernement qui l'accorde peut la retirer.

Les Français jouissent des droits civils tant qu'ils sont Français, qu'ils résident en France ou hors de France. Pour l'étranger, la jouissance des droits civils est liée au fait du séjour en France; elle en est la conséquence, et le séjour en France en est la condition.

Enfin l'état et la capacité de l'étranger autorisé de l'article 13, sont réglés par le statut personnel de son pays. Ils ne sont régis par la loi française que dans les deux cas suivants :

1° Lorsque cet étranger n'a plus de patrie, ce qui peut arriver lorsque, s'étant fixé en France sans esprit de retour dans son pays, les lois de sa patrie lui enlèvent sa nationalité.

2° Lorsqu'il veut exercer un droit conféré par la loi française, inconnu dans la législation de son pays, et qui n'est pas en contradiction avec le statut personnel de cet étranger quant à sa capacité civile.

99. — L'étranger autorisé par le gouvernement à s'établir en France y acquiert-il un véritable domicile ?

Une première opinion soutient que, même autorisé, il ne peut pas avoir un domicile en France. On n'acquiert pas, en effet, un domicile par le fait d'une résidence passagère dans un endroit, mais par la volonté de s'établir dans un lieu d'une manière fixe. Or, on ne doit pas présumer cette volonté à l'étranger, mais au contraire, celle de retourner après un temps plus ou moins long dans son pays.

Une deuxième opinion pense que l'étranger peut, dans tous les cas, indépendamment même de toute autorisation, avoir un domicile en France ; car un étranger peut avoir en France son principal établissement, et le lieu du domicile d'une personne est à son principal établissement (article 102).

On ne saurait le refuser à l'étranger sous le prétexte qu'il a conservé l'esprit de retour dans son pays, car, il peut, tout en ayant cet esprit de retour, avoir le centre de ses affaires en France et y habiter pendant de longues années. C'est ainsi que le domestique qui demeure dans la maison de son maître, a le même domicile que lui, et cependant, il a bien certainement conservé l'esprit de retour dans son domicile antérieur.

Quant à nous, nous pensons que l'étranger ne peut avoir un domicile en France que dans le cas de l'article 11 et dans le cas où il a été autorisé à établir son domicile en France (article 13).

L'article 102, en effet, déclare que le domicile d'une personne est au lieu de son principal établissement ; mais de quelle personne ? *d'un Français.* Cet article ne saurait donc s'appliquer à un étranger qui n'aurait pas le bénéfice de nos lois civiles. Aucun texte n'a rendu l'article 102 applicable aux étrangers.

100. — Un étranger est depuis longtemps établi en France ; il s'y est marié ; il y a des immeubles, des relations nombreuses et anciennes ; il a rempli les charges imposées aux seuls citoyens français. Cette longue possession d'état ne saurait-elle suppléer à l'autorisation du gouvernement dont parle l'article 13 ?

La jurisprudence de la Cour de cassation s'est toujours décidée dans le sens de l'affirmative. Il nous semble cependant qu'il appartient au gouvernement seul de conférer la jouissance des droits civils ; que les avantages résultant du domicile ne peuvent s'acquérir que conformément à l'article 13, et cet article suppose que c'est le gouvernement qui a donné à l'étranger l'autorisation dont parle cet article.

Il y a de plus un motif politique : le caractère de l'étranger, sa moralité, le moment où il se trouve en France, les relations des deux peuples peuvent rendre son admission aux droits civils plus ou moins désirable.

De même que le domicile d'un Français, le domicile de l'étranger suppléera sa personne quant aux notifications des actes qui devront lui être faites ; déterminera en matière personnelle la compétence du tribunal, le lieu où son mariage devra être célébré, le lieu où devra être convoqué le conseil de famille appelé à nommer un tuteur ou à prendre part aux opération de tutelle, le lieu où devra être formé le contrat d'adoption, etc. Nous avons déjà dit que la succession mobilière d'un étranger devait être régie par la loi étrangère ; mais si l'étranger a été autorisé à fixer son domicile en France, elle devra l'être par la loi française. Et, en effet, cet étranger jouit de tous nos droits civils ; la loi française lui est applicable et elle déclare que la succession d'une personne s'ouvre au lieu de son domicile (10).

Quand nous avons décidé que la succession mobilière d'un étranger non domicilié devait être régie par la loi de son pays, nous nous sommes fondé sur ce qu'on ne pouvait pas faire dépendre les droits de ses successeurs du hasard qui l'aurait fait mourir sur notre sol. Ici, ce n'est pas le cas : le domicile supposant un établissement durable, la mort n'aura pas en quelque sorte surpris l'étranger à son passage en France.

101. — L'autorisation accordée à un étranger de fixer son domicile en France est-elle personnelle ou s'étend-elle à sa femme, à ses enfants, à sa famille ?

Nous pensons qu'elle est personnelle, car le gouvernement ne l'accordant qu'après renseignements, ne doit pas être censé l'avoir accordée à des personnes qu'il ne connaissait pas, qu'on ne lui avait pas définies, sur lesquelles il n'a pu porter son attention. Si l'étranger veut obtenir cette autorisation pour toute sa famille, il lui est est bien facile de désigner chacune des personnes dont sa famille se compose. L'étranger devra fixer son domicile en France en y habitant réellement, et il jouira des droits civils tant qu'il continuera d'y résider, c'est-à-dire tant que son absence ne tiendra pas à une cause momentanée.

CHAPITRE III.

RÈGLES COMMUNES AUX ÉTRANGERS DOMICILIÉS ET NON DOMICILIÉS.

102. — 1° Leur état et leur capacité sont régis par la loi personnelle de leur pays.

2° Ils sont étrangers et leurs enfants naissent étrangers.

3° Les lois de police et de sûreté les obligent les uns et les autres. En effet elles obligent tous ceux qui sont sur le territoire français. Il faut comprendre sous la domination générale de *lois de police et de sûreté* les lois proprement dites, ordonnances, arrêtés rendus par les autorités compétentes dans les limites de leurs attributions. L'objet de ces lois c'est de garantir la sécurité des personnes et le respect des propriétés, de veiller à la salubrité publique et plus généralement au maintien de l'ordre public. C'est pourquoi, comme nous l'avons vu, les tribunaux français, quoique incompétents pour prononcer la séparation de corps entre étrangers, peuvent autoriser la femme à quitter le domicile conjugal, condamner un mari étranger à fournir des aliments à sa femme, pourvoir à la tutelle provisoire d'un mineur étranger se trouvant sans protection en France.

103. — L'étranger nouvellement arrivé en France peut-il invoquer comme excuse son ignorance des règlements de police locaux? *Non.* Car la loi ne comporte par cette distinction, et ce serait s'exposer à la plus grande confusion que d'admettre ces excuses tirées de la bonne foi de l'étranger. Quelques auteurs pensent néanmoins qu'on pourrait considérer comme résultant d'un cas de force majeure, la contravention commise par l'étranger nouvellement arrivé, si le juge déclarait qu'il n'a pu réellement connaître le règlement de police.

4° Un étranger peut être poursuivi en calomnie par un autre étranger en France, car les lois de 1819 et de 1822 sur la diffamation sont des lois de police et de sûreté.

5° Le ministre de l'intérieur peut, par mesure de police, enjoindre à tout étranger voyageant ou résidant en France de sortir immédiatement du territoire français, et le faire conduire à la frontière. Il aura le même droit à l'égard de l'étranger autorisé à établir son domicile en France, mais après un délai de deux mois la mesure cessera d'avoir effet si l'autorisation n'a n'a pas été révoquée après avis du conseil d'État. — Dans les départements frontières le préfet aura ce droit à l'égard de l'étranger non-résident. Tout étranger qui se serait soustrait à l'exécution de ces mesures ou qui, après être sorti de France par suite de ces mesures, y serait rentré sans l'autorisation du gouvernement, sera traduit devant les tribunaux et condamné à un emprisonnement d'un mois à six mois (article 78, loi 1849).

6° Leurs immeubles situés en France sont régis par la loi française.

7° Tout étranger qui, hors du territoire de France, se sera rendu coupable, soit comme auteur, soit comme complice, d'un crime attentatoire à la sûreté de l'Etat ou de contrefaçon du sceau de l'Etat, de monnaie nationale ayant cours, etc., pourra être poursuivi et jugé d'après les dispositions des lois françaises, s'il est arrêté en France, ou si le gouvernement obtient son extradition (Art. 7 C. I. C.)

104. — *De l'extradition.* L'extradition est l'acte par lequel un Etat livre l'individu accusé d'un fait qualifié crime ou puni d'une peine afflictive ou infamante commis hors de son territoire à un autre Etat qui le réclame afin de le juger selon ses lois.

Quel est le principe de cette institution ? A quels cas et dans quelles limites doit-elle être appliquée ? Cette matière si grave n'est réglée jusqu'à ce jour que par des usages, des conventions diplomatiques et des précédents.

L'extradition remonte aux temps les plus reculés où l'histoire nous la montre luttant contre le droit d'asile d'abord et puis contre le principe de la souveraineté du territoire. Le droit d'asile était chez les anciens un droit sacré. Aussi l'extradition ne s'obtenait-elle, en général, qu'à l'aide de menaces et de violences.

Les asiles étaient *particuliers* ou *généraux.* Les premiers étaient attachés à un temple, à une statue, à une église ; les seconds, au territoire d'une cité ou d'une nation. Dans le principe, ces derniers n'existaient pas ; le seul fait d'avoir foulé un territoire étranger ne suffisait pas pour protéger un fugitif. Mais ils s'établirent peu à peu à mesure que les asiles particuliers disparurent, lorsque les peuples qui faisaient autrefois partie de l'empire Romain s'établirent en nations indépendantes après la chute de cet empire.

Ce principe, que les peuples en recevant les étrangers réfugiés sur leur sol leur accordaient par cela même protection, découlait de l'isolement des nations dont les rapports étaient rares et difficiles. Mais peu à peu ces rapports devinrent plus fréquents; les différents peuples comprirent qu'ils étaient plus solidaires qu'ils ne l'avaient pensé, et que leur intérêt commun était de s'unir pour la punition des attentats qui pouvaient compromettre la paix publique. L'extradition s'est ainsi introduite dans le droit international moderne.

L'extradition est facultative pour le pays à qui on la demande; le gouvernement de ce pays a le droit de l'accorder et de saisir le malfaiteur. On ne saurait objecter que ce gouvernement n'a aucune juridiction sur le coupable à raison d'actes commis hors de son territoire, à l'étranger; car il a le droit de demander à celui qui sollicite sa protection quels titres il a à cette protection, car chaque peuple est intéressé à la punition des malfaiteurs qui se trouvent sur son territoire. Les peuples se doivent donc, à cet effet, un secours réciproque; la loi morale et l'intérêt de leur propre conservation leur en font un devoir.

Le pays qui réclame l'extradition la provoque, la sollicite, et ne la commande pas. L'extradition est libre de la part du gouvernement qui l'accorde. Celui-ci a le droit de l'accorder; il a aussi le droit de la refuser. En effet, il a le droit d'examiner la nature de l'accusation, car l'extradition ne saurait être légitime si celui qui en est l'objet n'est pas coupable; il peut donc rejeter la demande.

L'extradition ne s'applique pas aux habitants du pays qui l'accorde. Un pays ne doit pas livrer ses habitants à des juges étrangers. Ce principe, consacré par l'article 62 de la charte de 1814, a toujours été observé dans les conventions d'extradition passées avec les puissances étrangères.

On admet en général qu'un gouvernement peut réclamer l'extradition d'autres personnes que ses nationaux, par exemple d'un étranger qui, ayant commis un crime sur le territoire de ce gouvernement, s'est réfugié dans un pays autre que celui auquel il appartient. Les usages et les convenances veulent que, dans ce cas, la puissance auprès de laquelle le coupable s'est réfugié donne avis de la demande d'extradition au pays auquel le coupable appartient; on admet d'ailleurs qu'elle demeure libre d'accorder l'extradition au gouvernement qui la sollicite, alors même que le gouvernement dont le malfaiteur est le sujet le réclamerait pour le punir. Car si un pays peut ne pas consentir à livrer un de ses habitants et offrir de le juger lui-même, cette considération ne saurait cependant enchaîner la nation étrangère chez laquelle cet individu s'est réfugié.

Une nation peut donc toujours demander l'extradition de l'auteur d'un crime commis sur son territoire; il n'y a d'exception à cette règle que lorsque le coupable s'est réfugié dans sa patrie, et alors celle-ci est tenue de le punir.

Quatre principes fondamentaux régissent la matière que nous traitons :

1º L'extradition n'est jamais accordée par la France à raison de crimes politiques. « Les crimes politiques s'accomplissent dans des circonstances difficiles à apprécier, naissent de passions ardentes qui sont souvent leur excuse... La France a toujours refusé depuis 1830 de pareilles extraditions; elle n'en demandera jamais », (Instr. minist., 5 avril 1841).

Qu'entend-on par *crimes et délits politiques?* Souvent des crimes de droit commun sont la conséquence de faits politiques, ont une cause politique. Seront-ils aussi protégés par cette exception? On admet l'affirmative, car les motifs qui font dénier l'extradition en matière de crimes purement politiques s'appliquent ici.

2º L'extradition n'a lieu que pour faits qualifiés crimes et punis d'une peine afflictive ou infamante. « Il faut une raison puissante pour faire rechercher sur la terre étrangère l'homme qui s'est puni par l'éloignement volontaire de sa patrie ». (Instr. minist., 5 avril 1841).

3º La liste des crimes que renferment les traités n'est en général qu'indicative.

4° L'extradition s'exécute entre les différents États, même en l'absence d'une convention. En effet, la convention ne crée pas les obligations réciproques des nations ; elle les définit seulement et les précise.

Observons enfin que :

Si un étranger a été condamné en France avant que l'extradition ait été accordée, il ne pourra être livré à la puissance qui le réclame que lorsqu'il aura subi sa peine. La plupart des traités contiennent cette disposition.

Si un étranger se trouve poursuivi, au moment où l'extradition est demandée, à raison d'un délit commis en France, il ne peut pas être livré avant que le jugement ait été rendu et la peine subie s'il y a eu condamnation. Au contraire, si l'étranger est écroué au nom de ses créanciers, l'extradition ne sera pas suspendue : « C'est dans l'intérêt seul de la vindicte publique que l'extradition peut être retardée ; l'intérêt particulier ne pourrait être écouté ».

CHAPITRE IV.

DISPOSITIONS PARTICULIÈRES A CERTAINS ÉTRANGERS.

105. — *Agents diplomatiques.* Le principe que les lois de police et de sûreté obligent tous ceux qui habitent le territoire ne s'applique pas aux ambassadeurs des puissances étrangères, à leur famille, à leur suite. Ils sont considérés, par une fiction du droit des gens, comme ayant conservé leur domicile dans le pays qu'ils représentent ; ils sont censés n'avoir pas quitté leur patrie. Conformément à ce principe que les lois concernant les résidants étrangers ne leur sont pas applicables, l'Assemblée de 1792 les avait dispensés de porter la cocarde nationale, tandis que toute personne voyageant ou résidant en France devait l'avoir.

L'inviolabilité et les autres franchises dont jouissent les ambassadeurs sont du ressort du droit des gens ; nous en parlerons brièvement.

Les ambassadeurs sont-ils entièrement affranchis de toute poursuite à raison de crimes, délits ou contraventions commis sur le territoire ? Ne relèvent-ils que des tribunaux de leur pays ?

Cette question fort discutée a donné lieu à plusieurs opinions :

Dans un premier système, on soutient que les ambassadeurs sont inviolables, indépendants de la puissance auprès de laquelle ils sont accrédités. « Ils sont la parole du prince qui les envoie et cette parole doit être libre » (Montesquieu). S'ils abusent de cette inviolabilité, on devra les renvoyer et les accuser auprès de leur maître qui deviendra leur juge ou leur complice.

Un second système, auquel nous nous rallions, admet le principe de l'inviolabilité des ambassadeurs, mais avec certaines restrictions. Si l'ambassadeur complote, ou se rend coupable d'un attentat à la sûreté de l'Etat, il agit comme ennemi, il doit être traité comme tel ; il détruit lui-même son caractère inviolable, le gouvernement auprès duquel il réside se trouve vis-à-vis de lui en état de légitime défense.

Si le ministre se rend coupable d'un crime dirigé non plus contre l'Etat, mais contre un simple particulier, on devra le renvoyer à son maître et demander sa punition. La juridiction du pays dans lequel il exerce ses fonctions ne saurait être saisie dans ce cas.

Un troisième système distingue l'inviolabilité du ministre et l'immunité de juridiction. On doit reconnaître au ministre un caractère inviolable afin qu'il ne soit pas exposé à des violences, à des injures ; afin qu'il puisse exercer librement ses fonctions. Le ministre peut être chargé par le gouvernement qu'il représente d'une mission délicate et difficile. A cette occasion, il se fera peut-être des ennemis, s'exposera à bien des rancunes, à bien des haines ; le sentiment de son inviolabilité lui donnera l'indépendance nécessaire pour accomplir dignement sa mission. Mais cette inviolabilité ne saurait avoir pour conséquence de lui donner la faculté de commettre des forfaits ; le privilége consiste seulement à lui assurer chez une nation voisine et quelquefois ennemie les droits et la liberté dont il jouirait dans son pays.

Telles sont les trois principales opinions qu'a soulevées la discussion théorique de cette question. Demandons-nous maintenant quels sont les usages en ce qui concerne l'immunité de juridiction.

L'usage attribuait d'abord à l'ambassadeur une entière indépendance de la juridiction de l'Etat où il réside ; mais la pratique réagit peu à peu contre ce principe et s'efforça de le restreindre. Le duc d'Aiguillon, ministre des affaires étrangères en 1772, animé des mêmes sentiments que ses prédécesseurs, déclarait que le ministre se rendait sujet de la juridiction locale en complotant contre le gouvernement auprès duquel il est accrédité, et que son immunité n'avait d'autre effet que de lui permettre de vaquer librement à ses fonctions.

Les ministres étrangers ne peuvent être l'objet d'un acte d'information sans l'assentiment du gouvernement. « Il est interdit à toute autorité constituée d'attenter à la personne des envoyés des puissances étrangères. Les réclamations doivent être portées au Comité de Salut public qui, seul, peut y faire droit » (Décret, 13 ventôse an II.) Ce décret est toujours en vigueur.

Mais l'inviolabilité dont jouissent les ambassadeurs ne s'oppose pas à ce qu'ils soient cités devant la juridiction locale, à raison d'engagements civils. On pourra poursuivre l'exécution de ces engagements sur leurs biens, lesquels relèvent de la juridiction du pays dans lequel ils sont situés. L'ambassadeur ne les possède pas dans son caractère politique; ces biens n'ont pas changé de nature par la qualité dont se trouve investi leur propriétaire. Ces poursuites n'empêchent pas que le ministre exerce librement et sans crainte la mission dont il est chargé. Il faut donner la même solution quant aux meubles et aux autres choses qui appartiennent au ministre, à l'exception des choses qui servent à l'ambassade. Celles-ci ne pourront être revendiquées par le marchand qui n'aura pas été payé, à moins que le ministre n'ait eu son audience de congé et quitté sa résidence.

Jouissent des mêmes franchises que l'ambassadeur, les secrétaires d'ambassade mais non les secrétaires particuliers du ministre, qui sont choisis et payés par lui, et n'ont aucun caractère officiel. — Les domestiques du ministre en jouissent-ils?

Une première opinion soutient que l'immunité de juridiction s'étend à la suite de l'ambassadeur ; elle accorde à celui-ci sur ses domestiques un vrai pouvoir judiciaire, le pouvoir de les juger et de les punir.

Nous pensons qu'il faut distinguer entre les domestiques appartenant à la nation où réside l'ambassadeur, et les domestiques étrangers. Les premiers sont évidemment soumis à la juridiction de leur pays. Quant aux seconds, le ministre ne saurait avoir sur eux droit de juridiction. Il ne peut pas tenir ce droit de sa qualité de maître, car le domestique n'est pas chez nous ce qu'était l'esclave chez les Romains ; le domestique est sous les ordres de son maître en vertu d'un contrat qui est intervenu entre eux, contrat par lequel il s'est engagé seulement à fournir ses services. L'ambassadeur ne peut pas tenir ce droit de sa qualité de ministre étranger, car il n'en a pas été investi par son gouvernement. Quelle sera donc l'autorité compétente pour juger ces domestiques? On ne peut songer à les renvoyer dans leurs pays pour les soumettre à leurs juges naturels. Une telle solution est inadmissible à cause de leur éloignement, de la difficulté des preuves à fournir, des témoins à produire à des distances qui généralement sont très-considérables. On admet qu'ils seront justiciables de la juridiction locale, car leurs fonctions ne réclament pas l'immunité de cette juridiction; la fiction de l'exterritorialité est donc ici inutile, il faut appliquer purement et simplement le droit commun. Mais avant de saisir les domestiques, les autorités chargées de poursuivre les crimes et délits devront s'adresser à l'ambassadeur par l'intermédiaire du ministre des affaires étrangères.

Le ministre étranger peut-il se servir de la franchise de son hôtel pour y recueillir des malfaiteurs? Jouit-il d'un droit d'asile? Des opinions diverses ont été émises sur ce point. Nous ne pensons pas que l'ambassadeur puisse, en recevant chez lui des scélérats, les soustraire à l'application de nos lois punissant les crimes dont ils se sont rendus coupables. Ce serait une usurpation de l'autorité souveraine, un défi au gouvernement auprès duquel l'ambassadeur est accrédité, aux lois dont ce gouvernement doit surveiller l'exécution, à la société qui a établi ces lois et ce gouvernement. Quelques auteurs cependant soutiennent que l'ambassadeur jouit dans tous les cas du droit d'asile, et n'accordent au gouvernement offensé que le droit de se plaindre au souverain qu'il représente.

Les ambassadeurs ne doivent pas les impôts personnels directs dans les pays où ils résident. Ils doivent les impôts indirects. Ils n'ont pas la franchise du port de lettres, à moins de disposition contraire. Leurs immeubles sont soumis aux impôts, mais leur hôtel sera exempt du logement des gens de guerre et des droits substitués à ce logement.

Ses courriers et ses dépêches sont sacrés, sauf le cas où il violerait lui-même le droit des gens en favorisant des complots.

Les agents diplomatiques sont chargés de la négociation des affaires d'Etat, de la protection et de la défense de leurs nationaux pour ce qui concerne le droit des gens, des compliments de félicitation ou de condoléance à faire au nom de leur souverain. Ils sont également compétents pour recevoir les actes qui concernent l'état civil de leurs nationaux.

Consuls. — Les consuls sont des agents qu'un gouvernement envoie dans des places de commerce d'un pays étranger, pour y protéger ses nationaux et veiller à la conservation de leurs droits. Ils ne sont pas des agents diplomatiques, ils ne représentent pas leur gouvernement.

Participeront-ils malgré cela aux priviléges des agents diplomatiques ? Jouiront-ils de l'immunité de juridiction ?

Une première opinion les déclare sujets à la justice du lieu de leur résidence. Nous croyons l'opinion contraire plus fondée. En effet, le consul est chargé d'une mission par son souverain; il est reçu par les puissances étrangères comme officier public d'un souverain; il importe qu'il puisse exercer librement ses fonctions; il faut pour cela qu'il jouisse d'une certaine immunité personnelle, qu'il soit indépendant de la justice criminelle du lieu où il réside, qu'il soit à l'abri de vexations et de poursuites, à moins qu'il ne viole le droit des gens; qu'il soit privilégié dans les affaires peu importantes contre les mesures préventives ordinairement appliquées aux citoyens. Il a droit à des ménagements, à des égards.

Étrangers réfugiés.

106. — Avant la loi de 1832, ils étaient soumis aux mêmes règles que les étrangers ordinaires.

On entend par *étrangers réfugiés* ceux qui, sans passeports, cherchent un asile en France, ceux qui y résident sans la protection de leur gouvernement. La loi de 1832 s'applique spécialement aux réfugiés politiques.

Article premier. — Le gouvernement est autorisé à réunir, dans une ou plusieurs villes qu'il désignera, les étrangers réfugiés qui résideront en France.

Art. 2. — Le gouvernement pourra les astreindre à résider dans celle de ses villes qui leur sera indiquée et leur enjoindre de sortir du pays, s'ils ne se rendent pas à cette destination ou s'il juge leur présence susceptible de troubler l'ordre ou la tranquillité publique.

Tout étranger réfugié qui n'obéira pas à l'ordre de sortir de France sera puni d'un emprisonnement d'un mois à six mois. Cette peine a été introduite par la loi de 1834, qui a prorogé jusqu'en 1836 la loi de 1832, dont la durée avait été d'abord limitée à une année.

Les lois de 1833, 1834 ont été des lois d'ordre et de précaution. Un gouvernement a le droit et le devoir de prendre de pareilles mesures à l'égard de personnes qu'aucune communauté d'affections, d'intérêts, de sentiments ne lie au sort du pays. — Une telle loi ne blesse pas les droits de l'hospitalité, et il est naturel que l'étranger soit soumis à des lois qui suppléent les garanties qu'il ne fournit pas.

Ces lois ont été successivement prorogées à chacune des époques qui avaient été fixées d'abord pour leur expiration.

CONCLUSION

La Constituante, au lieu de procéder avec une sage lenteur, voulut émanciper tout d'un coup l'humanité. Elle porta ce même esprit dans la réglementation de la situation des étrangers en France. C'était une faute; on ne modifie pas en un jour des usages longtemps pratiqués, et le législateur qui veut tenter cette œuvre impossible ne peut compter sur un succès durable. Une réaction ne tarde pas à se produire. C'est ce qui est arrivé après 1790, ce que nous avons également vu après 1848, en 1849, quand l'Assemblée législative, pour parer aux abus nés du décret du 28 mars 1848, a ressuscité les étroites dispositions qui régissaient autrefois la naturalisation.

Qu'en est-il résulté? D'une part, la législation qui réglemente la situation des étrangers n'est pas organisée comme elle devrait l'être, le législateur n'ayant voulu ni avouer qu'il réagissait contre les idées nouvelles, ni adopter celles-ci; et ces lois successives, les unes trop progressives, les autres rétrogrades, ont jeté l'incertitude dans les principes régissant notre matière, et dans leur interprétation. D'autre part, le progrès véritable a été plus lent à se produire.

Quant à nous, nous n'avons qu'un vœu à exprimer: Sans doute, notre législation est généreuse envers les étrangers, surtout depuis les lois de 1819 et de 1867; mais cette législation demande à être renfermée dans des articles de lois nets et précis. Ainsi bien des controverses disparaîtront. Je veux parler surtout de l'article 11, qui laisse un champ si vaste à la discussion. C'était au législateur à définir les droits des étrangers en France. La jurisprudence et la doctrine ont dû se charger de ce soin; c'est à regretter.

Vu par le Doyen,
CARLE.

Vu et permis d'imprimer :
Le Recteur de l'Académie d'Aix,
officier de la Légion d'honneur,
VIEILLE.

ERRATA

POSITIONS

Droit Romain.

I. — Quelles conditions exige, dans le droit classique, l'institution de l'esclave par son maître ?

II. — Dans quels cas l'esclave peut-il actionner son maître en justice ?

III. — En quoi l'action *de in rem verso* est-elle préférable à l'action *de peculio ?*

IV. — Origine du Colonat. Le Colonat est issu d'une réforme administrative et financière.

Droit Civil.

I. — L'étranger qui fait la déclaration prescrite par l'article 9 est-il Français pour l'avenir seulement, ou bien sa déclaration a-t-elle un effet rétroactif ?

II. — Les étrangers jouissent en France des droits civils qui leur sont accordés par des traités ou par des dispositions expresses ou implicites de la loi française.

III. — La femme étrangère (à part les cas visés par les art. 11 et 13) n'a pas hypothèque légale sur les biens de son mari situés en France.

IV. — Quelle est la valeur, en France, des jugements rendus par les tribunaux étrangers ?

Droit Criminel.

I. — Les juges d'appel ne peuvent aggraver la peine prononcée par les premiers juges lorsqu'il n'y a eu appel que de la part du prévenu et non de la part du ministère public.

II. — Les dénonciations et les plaintes n'ont pas pour effet nécessaire de mettre l'action publique en mouvement.

Droit Administratif.

I. — Quelle est l'autorité compétente pour statuer sur les indemnités dues au cas d'un dommage permanent ?

II. — A qui appartient le lit des rivières navigables ou flottables ?

Nîmes. — Typ. Clavel-Ballivet, rue Pradier, 12.

Documents manquants (pages, cahiers...)
NF Z 43-120-13

www.ingramcontent.com/pod-product-compliance
Lightning Source LLC
Chambersburg PA
CBHW060538210326
41519CB00014B/3262